현대
미국은 어떻게 만들어졌을까?

민음 지식의 정원 서양사편

011

미국은 어떻게
만들어졌을까?

안효상

민음인

차례

미국은 어떻게
세계 유일의 초강대국이 되었을까?

　오늘날 세상에는 두 종류의 사람이 있는 듯하다. 미국을 좋아하는 사람과 미국을 싫어하는 사람 말이다. 이런 양극화 현상은 소련 붕괴 이후 미국이 세계 유일의 초강대국이 되면서 특히 심해진 것으로 보인다. 어쨌거나 이런 일은 미국이 전 세계 사람들의 삶에 깊은 영향을 미치기 때문이리라. 그런데 미국을 좋아하는 사람이건 싫어하는 사람이건, 현재의 강한 모습에만 찬사를 보내거나 그 행태에만 분노를 표하고 있다.

　하지만 분노와 찬사만큼이나 중요한 것이 미국이 어떻게 해서 오늘날의 위치에 도달했는가를 아는 것 아닐까? 다시 말해 동조나 반대 이전에 역사적인 시각에서 미국을 보아야 한다는 의미이다. 왜냐하면 이를 통해서만 우리는 오늘날의 미국이 어떻게 그런 위치에 서게 되었는지, 왜 그런 모습을 보이는지 이해할 수 있기 때문이다.

물론 그렇다고 해서 이 책이 미국 역사를 남김없이 다루고 있지는 않다. 이 책은 미국의 주요한 고비와 매듭에 대해 질문을 던지고 역사적 대답을 찾는 방식으로 이루어져 있다. 특히 어떤 사람들이 미국이라는 '새로운 땅'을 찾아왔는지, 그들이 왜 왔는지, 와서 어떻게 살아갔는지 묻고 답하고자 한다. 따라서 이 책의 주인공은 몇 만 년 전에 사냥감을 쫓아 베링 해협을 건넜던 사람들, 콜럼버스의 항해 이후 아메리카 대륙 곳곳으로 이주했던 유럽 인들이다. 또 그 이후 노예로 끌려왔던 아프리카 인들, 19세기 들어 새로운 삶의 기회를 찾아 미국 땅으로 몰려들었던 또 다른 유럽 인들과 아시아 인들, 미국의 팽창 속에 미국인이 되었거나 지금도 국경을 넘고 있는 수많은 라틴 아메리카 인들도 이 책의 주인공이다.

이렇게 본다면 일부 유럽 인이 주도하긴 했지만 미국이라는 나라를 전 세계인이 만들었다고 해도 틀린 이야기는 아닐 것이다. 그 이유는 미국 혁명에서 잘 드러나듯이 세계 각지에서 미국으로 찾아온 사람들에게 동등한 권리를 부여해 시민으로 받아들였다는 데 있다. 이런 공화주의가 미국을 끊임없이 팽창하게 만들었고, 계속해서 전 세계인들을 미국으로 향하게 만든 것이다. 이런 점에서 미국을 로마에 비유하는 것은 꽤나 적절한 일이다.

물론 미국 땅에 사는 모두가 동등한 시민으로 대우받은 것은 아니었다. 세력을 팽창하면서 인디언이 쫓겨났고, 플랜테이션이 발전하면서 흑인은 쇠사슬을 차야 했다. 또한 여성인 경우 백인일지라도 동등한 권리를 누리지 못했다. 그래서 이들은 '동등한 시민의 권리'라는 약속을 지키라고 요구했고, 이런 움직임은 노예 해방, 여성 참정권 획득, 민권 쟁취 등으로 나아갔다. 또한 나중에 이주한 사람들은 여러 가지 면에서 차별 대우를 받았고, 이들이 동등한 시민이 되는 데는 많은 시간이 필요했다.

공화주의에 따라 동등한 시민으로 구성된 나라를 만들었다는 미국인의 자부심은 대외적인 오만함으로 나타났다. 미국인의 팽창을 '명백한 운명'이라고 말한 것은 이런 이유에서였다. 이런 정치적 오만함이 19세기 말에 세계 제일의 공업국이 되었다는 또 다른 자부심과 결합했을 때, 전 세계를 상대로 간섭하는 초강대국 미국이 등장하는 것은 어찌 보면 당연한 일이었다. 여기에 더해 두 차례의 세계 대전에서 민주주의의 수호자를 자처한 미국이 신흥 제국이 되는 것은 시간 문제였다.

이렇게 지구 곳곳에서 새로운 삶의 기회를 찾아온 사람들이 미국을 만들었다. 그렇다면 미국을 이해하는 첫걸음은, 세계 각지에서 모여든 사람들이 미국을 어떻게 만들었는가를 아는 일이 되지 않을까?

1

미국이라는 나라는
어떻게 탄생했을까?

- 누가 아메리카를 발견했을까?
- 유럽 인은 왜 아메리카로 향했을까?
- 아프리카 인은 왜 아메리카로 온 것일까?
- 독립 전쟁은 왜 일어났을까?

누가 아메리카를 발견했을까?

오늘날 콜럼버스가 '아메리카를 발견했다.'는 식의 이야기를 하는 사람은 거의 없다. 콜럼버스의 '도착' 이전에 수많은 사람들이 이미 그곳에 살고 있었으니까 말이다. 그렇다 해도 세계사에서 1492년이라는 해는 중요하다. 그 상징적 연도를 기점으로 해서 유라시아 대륙 변방의 유럽이 흥기하여 결국 세계사의 패권을 쥐었기 때문이다. 하지만 유럽 인이 아메리카 대륙에 오기 훨씬 이전에 인류의 일부가 이곳에 살고 있었고, 곳곳에서 높은 수준의 문명을 이룩했다는 사실까지 지워버릴 수는 없다.

대략 1만 5000년 전쯤의 일이었다. 빙하기가 끝나갈 무렵 시베리아에 살던 사람들이 지금은 베링 해협이라고 부르는

'육로 다리'를 건너 아메리카 대륙으로 들어갔다. 당시 이들은 돌로 만든 창 등 이전보다 좋아진 무기로 큰 동물도 사냥할 수 있게 되었다. 그래서 아시아와 북미 대륙을 옮겨 다니며 사냥하였는데, 그 가운데 일부가 아예 이주하였던 것이다. 그러면서 해마다 점차 많은 수가 이주하였고, 기원전 8000년쯤에는 남아메리카의 남쪽 끝까지 나아갔다. 그 이후 빙하가 녹아 알래스카와 러시아를 잇는 베링 해협이 만들어지면서 이들은 아메리카 대륙에 눌러앉게 되었다.

앞의 이야기가 오늘날 정설로 받아들여지고 있긴 하지만 이와는 다른 이야기도 있다. 그중 하나는 아시아에 살던 사람들이 가죽으로 만든 배를 타고 아메리카 서해안을 따라 이주했다는 것이다. 이런 주장을 하는 사람들은 칠레와 페루 해안에서 발견된 공예품을 증거로 들고 있다. 또 다른 이야기는 북아메리카 동북부 해안에서 발견된 유물에 근거한, 유럽 인들이 더 일찍 아메리카로 이주했다는 주장이다. 초기 유럽 인들이 배를 타고 아이슬란드와 그린란드 주위의 빙하를 따라 오다가 이곳까지 오게 되었다는 것이다.

이렇게 콜럼버스가 아메리카 대륙에 도착하기 훨씬 이전에 '최초의 아메리카 인들'이 살고 있었다. 이후 아메리카 인디언이라고 불리게 될 이 사람들은 남북 아메리카 전역에 퍼져 살고 있었는데, 그 수가 콜럼버스가 도착할 무렵에 적어도 1500만 명은 되었을 것이다.

수렵으로 살아가던 아메리카 인들이 농사를 짓기 시작한 것은 기원전 6500년 무렵이었다. 하지만 정착 생활이 본격적으로 이루어진 것은 개량종 옥수수가 재배된 이후였다. 기원전 3500년쯤 개량종 옥수수가 등장하였고 이후 계속해서 개량되고 전파되면서, 기원전 1500년에 완전한 정착 생활을 하게 된다. 이런 식으로 발전한 농업이 아메리카 문명의 바탕이 된다.

후일 아메리카 대륙의 정복자가 된 유럽 인들은 선주민들을 야만인으로 그리기도 했지만, 이들의 문화 수준은 매우 다양했다. 가장 문명이 발전한 곳은 중앙아메리카 지역이다. 이곳에서는 마야 인들이 서기 100년경부터 문명을 발전시키기 시작하여, 600~900년에 절정을 이루었다. 고유한 문자와 숫자를 가지고 있었으며, 상당히 정확한 달력을 사용하던 마야 인들은 사제 계급이 다스리는 사회였다. 그래서 마야 문명의 특징 가운데 하나는 도시 중앙에 높이 솟아 있는 신전 피라미드이다.

11세기쯤 쇠퇴한 마야 문명을 대신한 것이 아즈텍 인들이다. 원래는 북부의 유목민이었던 이들은 마야 문명을 계승했을 뿐만 아니라 정복을 통한 팽창을 거듭하여 에스파냐 인들이 침입하기 전까지 중앙아메리카 일대를 지배하면서 번성했다. 인간을 제물로 바치는 종교 의식 때문에 오늘날의 관점에서 보면 야만적이라는 인상을 주기도 하지만 아즈텍 인들은 상당한 수준의 행정, 교육, 의학 체제를 갖추고 있었다. 또한 중앙아메리카 일대를 지배할 정도로 강력한 군사력도 가지고 있었다.

남아메리카에서는 11세기부터 여러 왕국이 생겨나 에스파냐 인들이 침입할 때까지 번영을 누렸다. 그 가운데 하나가 잉카 제국이다. 전성기에 페루에서 칠레 북부 지역에 걸친 넓은 영토를 가지고 있던 잉카 제국은 잘 정비된 정치 제도와 도로망을 가지고 있었다. 또한 효율적인 관개 시설이 있었고, 국가에서 식량 생산, 배급을 관리했기 때문에 많을 때는 600만 명의 주민이 살 정도였다.

오늘날의 미국과 캐나다가 자리 잡고 있는 북아메리카에서도 지역에 따라 다양한 문명이 나타났다. 바다표범을 사냥하며 살아가는 북극권의 에스키모, 순록을 사냥하는 북부 산림 지대의 수렵인들, 연어를 잡으며 살아가는 북서부 태평양 연안의 부족들에서, 농사를 지으며 살아가는 동부의 우드랜드, 남서부, 태평양 지역의 사람들까지 1000만 명 정도가 유럽 인이 도착할 당시 북아메리카에 살고 있었다.

남서부의 여러 부족 집단이 옥수수 농사를 짓기 시작한 것은 기원전 2000년경이었다. 여기서부터 아나사지(Anasazi), 호호캄(Hohokam), 모고욘(Mogollon) 등 다양한 문화가 나타났다. 그리고 이것이 한층 발전한 것이 11~14세기의 푸에블로(Pueblo) 문화였다. 에스파냐 어로 집을 가리키는 푸에블로라는 말에 걸맞게 이들은 흙벽돌을 이용해 커다란 공동 주택을 지었다. 벼랑에 몇 개의 층으로 지어진 이 주택에는 1000개 가까운 방이 있었다. 또한 이들은 여러 색을 칠한 도기를 생산하였다.

북아메리카에서 식량 자원이 가장 풍부한 동부에서는 농업 생산을 기본으로 하는 우드랜드 문화가 발전했다. 여러 가지 형태의 도기와 거대한 무덤으로 보아, 우드랜드 문화는 제법 발전한 사회 체제를 갖추고 있었던 것으로 보인다. 특히 우드랜드의 남부 지역은 농업이 꽤 발달하여 커다란 교역망이 형성되었고, 이 교역의 중심지였던 카호키아(Cahokia)는 전성기였던 1200년 무렵에는 4만에 달하는 인구를 자랑할 정도였다.

이처럼 유럽 인이 오기 이전 북아메리카에는 다양한 언어를 사용하면서 여러 부족으로 나뉜 사람들이 각기 다른 상당한 수준의 문명을 이루고 살고 있었다. 그렇기 때문에 이들을 아메리카 인디언 혹은 인디언이라고 뭉뚱그려 부르는 것은 잘못된 일이다. 하지만 그렇다 하더라도 이들에게 중요한 공통점이 없었던 것이 아니다. 이들은 친족 체제를 이루며 살고 있었는데, 여기서 중요한 삶의 원칙은 호혜성과 자원의 공동 이용이었다. 또한 인간을 자연적, 영적 질서의 일부라고 보면서 조화를 이루어 살아가려고 했다. 이런 점은 근대에 들어오면서 유럽 인이 갖고 있던 생각, 즉 자연을 정복하고, 토지를 사유한다는 것과는 너무 달랐다. 따라서 두 문명이 만나 일으킬 충돌은 불가피했다.

유럽 인은 왜 아메리카로 향했을까?

인류가 탄생한 이래 사람들은 끊임없이 이동했다. 당연한 이야기이지만 식량을 찾기 위해서였을 것이다. 그 결과 인간은 지구 표면 곳곳에 살게 되었다. 유럽 인이 15세기에 새로운 뱃길과 새로운 땅을 찾아 나선 것도 크게 보아 마찬가지 이유 때문이다. 물론 인간의 문명이 발전하면서 이유가 좀 더 복잡해지긴 했다. 동방과의 향신료 무역으로 한몫 잡으려는 상인들, 먼 곳에 있다는 기독교인을 찾거나 기독교를 전파하려는 종교인들, 국가와 자신의 권위를 높이려는 군주들, 몸이 근질근질한 군인들, 모험을 좇는 뱃사람 등등. 이들이 먼저 밖으로 나갔고, 뒤를 이어 가난한 사람들, 종교적으로 박해받는 사람들, 한마디로 자기 땅에서 살기 힘든 사람들이 새로운 기회를 찾아 그 뒤를 이었다. 그 결과 문명들의 만남과 충돌이 이어졌고, 새로운 세계사가 만들어졌다.

15세기 이전에도 새로운 땅을 찾으려는 유럽 인들이 있었다. 그 가운데 비교적 잘 알려진 것이 바이킹의 탐험이다. 9세기경 북부 유럽에 살던 노르만 인 혹은 바이킹 들은 유럽 일대를 돌아다니면서 장사를 하거나 약탈을 했고, 경우에 따라 새로운 곳에 정착하기도 했다. 그런데 그중 일부가 북대서양을 건너 아이슬란드까지 가서 살기 시작했다. 10세기 말에는 붉은 에리크(Erik the Red, 950~1003)가 함대를 이끌고 아이슬란드를 출발하여 그린란드 남부에 정착지를 건설했다.

서기 1000년경 붉은 에리크의 아들인 레이브 에릭손(Leiv Eriksson, 970~1020)이 그린란드 서쪽과 남쪽으로 정찰 항해를 떠났고, 새로운 땅을 발견하여 빈란트(Vinland)라는 이름을 붙였다. 이곳은 아마 북아메리카 동부의 어디쯤이었을 것이다. 이후 여러 차례에 걸쳐 새로 발견한 땅에 사람들을 보내 정착하려 했지만 실패하고 말았다. 이렇게 북대서양을 가로질러 나아갔던 바이킹의 이야기는 그들의 무용담 속에서 오늘날까지 전해지고 있다.

의지만으로 어떤 일을 할 수 있는 것이 아니듯 새로운 뱃길과 땅을 찾기 위해서 꼭 필요한 것들이 있었다. 먼바다로 나가기 위해서는 항해술과 조선술의 발전이 꼭 필요했다. 또한 대규모의 탐험대를 보내기 위해서는 든든한 후원자가 필요했는데, 막 등장하기 시작한 절대주의 국가가 그 역할을 했다. 지방 분권화된 봉건제[1]를 대신한 절대주의 국가는 군대와 행정을 정비했고, 수입 증대를 위해 상업 활동을 후원했다. 이런 체제가 가장 먼저 마련된 곳이 포르투갈과 에스파냐였고, 이들이 유럽의 대외 진출을 이끌었다. 그런데 이런 변화의 밑바탕에 있던 더 큰 변화는 인구의 증가와 교역의 확대였다. 교역의 확대는 번영을 가져왔다. 또 해외 상품, 특히 향신료에 대한 수요도 늘었다. 이에 따라 새로운 상인 계층이 생겨났던 것이다. 이들은 아시아 대륙을 가로지르지 않고 동방으로 갈 수 있는 길을 찾았다.

---

1) 서로마 제국 몰락 이후 유럽에 자리 잡은 정치, 경제 체제를 말한다. 주군에게 봉신이 군사적으로 봉사하는 대가로 주군은 봉신에게 봉토, 즉 땅을 수여한다. 봉신은 예속된 농민인 농노에게 이 땅을 경작케 하여 수입을 올렸다. 이런 봉건제에서 각 지역의 영주가 된 봉신들은 자율권을 누렸기 때문에 당시 사회는 지방 분권적인 성격을 띠었다.

그런데 이런 경제적인 이유만이 유럽 인들의 해외 진출을 부추긴 것은 아니었다. 오래전부터 내려오던 전설에 따르면 동방에 기독교 국가가 있었다. 7세기에 아라비아 반도에 발흥한 이슬람 문명[2]과 오랫동안 대립하던 유럽 인들은 이 동방의 기독교 국가와 협력하겠다는 열망을 가지고 있었다.

어쨌든 이런저런 변화와 열망이 합쳐져 유럽의 팽창이라는 거대한 역사적 변화가 나타났다. 하지만 그만큼 중요했던 것은 미지의 바다로 향해 나갔던 '바다 영웅들'이었다. 이들이 어떤 동기에서 움직였든 간에 이들이 없었다면 새로운 바닷길은 열리지 않았을 것이다.

가장 먼저 대서양이라는 미지의 바다를 향해 나선 것은 앞서도 말했듯이 포르투갈과 에스파냐였다. 지중해 서쪽에 있었기 때문에 동방 무역에서 소외된 이들은 이탈리아 상인과 아랍 상인을 제치고 동방과 직접 교역하기를 원했다. 또한 이들은 이베리아 반도에서 오랫동안 이슬람 세력과 직접 대결하였기 때문에 종교적 열망도 가장 컸다.

---

2) 알라신의 예언자를 자처한 마호메트가 7세기 초 아라비아 반도에서 이슬람교를 창건하였다. 알라신을 유일신으로 보는 이슬람교는 짧은 시간 내에 아라비아 반도뿐 아니라 중동과 북아프리카 일대, 나아가 에스파냐 일부까지 장악하였다. 이렇게 이슬람 문명이 팽창하면서 유럽의 기독교 문명과 대립하여, 세계사의 주요한 동력이 되었다.

포르투갈은 아프리카 대륙을 돌아 인도로 가는 항로를 개척했다. 엔히크 왕자(Enrique, 1394~1460)가 후원하는 탐험대가 1471년 적도 너머까지 갔었고, 그 이후 바르톨로메우 디아스(Bartolomeu Dias, 1450~1500)는 아프리카 대륙 남단에 도착하였다. 이런 과정을 거쳐 인도까지 도달한 사람은 바스코 다 가마(Vasco da Gama, 1460~1524)였다. 그가 이끄는 네 척의 배가 1498년에 인도의 캘리컷에 도착했고, 거기서 향신료와 보석을 구입해 다시 리스본으로 돌아왔다. 이로써 인도 항로가 개척되었다.

이탈리아의 제노바 출신 탐험가 크리스토퍼 콜럼버스(Christopher Columbus, 1451~1506)는 에스파냐 왕실의 후원을 받아 대서양 항로를 열었다. 1482년 세 척의 배를 몰고 출발한 그는 41일 만에 대서양을 건너 바하마 제도의 한 섬에 도착했다. 원래는 아시아로 가려 했지만 지금의 아메리카, 당시로서는 미지의 땅에 도착한 것이다. 콜럼버스는 지구가 둥글다고 확신했다는 점에서 옳았지만 아시아까지의 거리를 짧다고 본 점에서는 틀렸다. 하지만 그 덕분에 그는 아메리카의 발견자라는 칭호를 얻게 되었다.

이후 수많은 사람들이 대서양을 건넜고, 아메리카 대륙을 탐험했으며, 페르디난드 마젤란(Ferdinand Magellan, 1480~

1521) 같은 이는 태평양을 건너 지구를 한 바퀴 돌기도 했다. 이로써 지구가 둥글다는 게 입증되었다. 바야흐로 하나의 세계가 열리고 있었다.

포르투갈이 동방 무역에 주력한 반면, 에스파냐는 새로운 땅 아메리카에 광대한 제국을 건설하였다. 에르난 코르테스(Hernan Cortes, 1485~1547)나 프란시스코 피사로(Francisco Pizarro, 1471~1541) 등 정복자라 불리는 이들이 주도한 정복 과정에서 엄청난 수의 원주민이 잔인한 살육과 유럽에서 건너온 전염병으로 죽었다. 아즈텍이나 잉카 등 기존 문명을 파괴하고 유럽 문명과 기독교를 전파하는 과정에서 수많은 원주민들이 금은을 채굴하고, 사탕수수를 재배하는 강제 노동에 동원되었다.

에스파냐의 뒤를 이어 유럽의 다른 나라들도 이에 뒤질세라 아메리카로 발길을 향했다. 프랑스, 네덜란드, 영국 등은 주로 북미 대륙에서 인디언과 교역하거나 정착지를 만들었다. 특히 영국은 16세기 말부터 사람들을 이주시켜 식민지를 건설하려고 했다. 당시 영국은 급격한 인구 증가에 따라 토지와 식량이 부족했다. 특히 모직물 공업이 발전하면서 토지 귀족들은 농민들을 쫓아내고 양을 키우려고 했고, 땅을 잃은 농민들은 유랑민이 될 수밖에 없었다. 여기에 더해 종교 개혁[3]으로 심한 종교적 갈등을 겪고 있었다. 이런 상황이었기에 아메리카의 발견은 복음과도 같은 것이었다. 그래서 어떤 이는 경제적 기회를 찾아, 또 어떤 이는 종교적 자유를 찾아 아메리카로 갔다. 물론 식민지 개발을 통해 이윤을 최대한으로 끌어내겠다는 사업가들의 열망이 그 바탕에 있었던 것은 두말할 필요가 없다.

하지만 새로운 정착지 건설이 쉬운 일은 아니었다. 탐험 중에 배가 폭풍우를 만나 난파하는 것은 흔한 일이었고, 16세기 말에 어렵게 만든 노스캐롤라이나 연안의 로아노크(Roanoke) 식민지는 몇 년 만에 흔적도 없이 사라져 버렸다. 결국 영국인들이 북미 대륙에 최초의 정착지를 만든 것은 17세기 초의 일이었다.

---

3) 16세기에 기존의 가톨릭교회를 개혁하고자 한 일련의 움직임으로 루터와 칼뱅의 종교 개혁이 대표적이다. 마르틴 루터(Martin Luther, 1483~1546)와 장 칼뱅(Jean Calvin, 1509~1564)은 기존 교회의 부패와 무능력을 지적하고 인간이 구원받는 것은 신앙을 통해서만 이루어진다고 주장하여 개신교의 길을 열었다. 이러한 분위기 속에서 영국에서도 종교 개혁이 이루어져 국왕을 수장으로 하는 국교회가 성립하였다. 이에 따라 구교인 가톨릭뿐만 아니라 국교회 내부의 반대파인 청교도 등도 탄압을 받게 되었다.

아프리카 인은 왜 아메리카로 온 것일까?

유럽 인들이 아메리카를 정복하고 개척하는 일은 아메리카 인디언에게만 커다란 영향을 미친 게 아니었다. 이 일은 전혀 관계가 없을 것 같은 아프리카 인들에게도 엄청난 결과를 가져왔다. 아메리카에서 새로운 농업 형태가 발전하면서 아프리카 인들은 자기 의지와 상관없이 이곳으로 끌려왔다. 이를 통해 유럽, 아메리카, 아프리카가 한데 묶인 대서양 세계가 형성되었고, 이후 세계사의 중심 지대가 되었다.

1607년 식민지 개발권을 가진 런던 회사는 144명의 남자를 태운 세 척의 배를 아메리카 대륙으로 보냈다. 체사피크 만에 도착한 이들은 제임스 강을 따라 올라가 식민지를 건설하고 제임스 타운이라는 이름을 붙였다. 하지만 식량 부족과 전염병으로 이 정착지가 살아남을 수 있을지는 계속 의문이었다. 이후 여자와 아이들을 포함한 더 많은 이주자가 보급품과 함께 도착하고, 총독의 지휘 아래 식민지 체제가 자리 잡으면서 새로운 정착지가 유지될 가능성이 커졌다. 하지만 이들이 성공하게 된 것은 담배라는 상업 작물을 재배하면서부터였다.

콜럼버스가 서인도 제도에서 가지고 온 담배는 17세기에 이르러 유럽 전역에 기호품으로 퍼지게 되었다. 제임스 타운의 농장주였던 존 롤프(John Rolfe, 1585~1622)가 인디언에게 씨를 얻어 버지니아에서 재배에 착수했고, 담배 농사는 곧 번성하기 시작했다. 하지만 담배는 토양을 금세 척박하게 만들기 때문에 더 많은 땅이 필요했고, 그래서 식민지인들은 내륙으로 더 깊숙이 들어가고자 했다. 이는 결국 아메리카 인디언과의 충돌을 불가피하게 만들었다. 또한 담배 농사에는 많은 노동력이 필요했기 때문에 버지니아 식민지는 더 많은 이주민을 받아들이고자 했다. 그리고 이를 위해 인두권(Headright)이라는 것을 만들어 한 사람당 50에이커의 땅을 주는 것으로 이민을 장려하였다.

북미 대륙의 북부에 식민지가 만들어진 것은 1620년의 일이었다. 그해 종교적 자유를 찾아 메이플라워 호를 타고 온 100여 명의 필그림(순례자)이 플리머스에 도착했던 것이다. 제임스 타운 사람들과 마찬가지로 이들의 정착 과정도 매우 험난했다. 하지만 다행히도 그 지역 인디언들이 옥수수 재배법과 물고기 잡는 법을 가르쳐 준 덕분에 식민지는 유지될 수 있었다. 하지만 이 지역은 농사에는 그리 적합하지 않았기 때문에 식민지인들은 주로 어업과 모피 교역으로 수익을 냈다.

플리머스 식민지 건설자들이 영국 국교회로부터 벗어나겠다는 분리주의자들이었다면, 퓨리턴(청교도)은 국교회 내부의 개혁자들이었다. 하지만 이들도 영국 내에서 박해받기는 마찬가지였고, 그래서 이들도 북아메리카에 새로운 정착지를 만들겠다고 나섰다. 그 결과 매사추세츠 식민지가 만들어졌고, 보스턴이 중심이 되었다.

아프리카 인들이 처음부터 노예로 아메리카에 온 것은 아니었다. 콜럼버스의 항해 이후 아프리카 인들은 뱃사람, 군인, 노동자로서 아메리카에 왔다. 그 이후 많은 수의 아프리카 인이 노예로 들어와 육체노동을 하거나 아메리카 원주민 노동자를 감시하는 역할을 하였다. 북아메리카의 경우 1619년에 버지니아 식민지에 20여 명의 흑인이 들어왔다는 기록이 있다. 하지만 유럽 인들은 이후 동산 노예제(Chattel Slavery)를 만들어 아프리카 인들을 들여왔다. 동산 노예제에서 노예는 재산으로 간주되었고, 주인이 마음대로 할 수 있는 존재였다.

물론 노예제는 인류의 오래된 제도이며, 당시 아프리카에도 노예제와 노예 매매가 있었다. 하지만 이들은 중세 유럽 농노와 비슷하게 일정한 법적 보호를 받는 존재였다. 하지만 유럽 인들이 대서양 세계에 만든 노예제는 인류가 만든 그 어떤 것보다 가혹했다. 말 그대로 시키는 대로 일만 해야 했고, 말을 듣지 않는 경우 채찍질, 신체 절단, 사형까지 당해야 하는 인간 이하의 존재였다.

이런 노예가 아메리카에서 많이 필요했던 것은 사탕수수나 담배 등 노동 집약적인 상업 작물의 재배 때문이었다. 유럽에서는 설탕과 담배 수요가 많았고, 따라서 식민지에서는 노예가 더 많이 필요할 수밖에 없었다. 그러니 유럽 여러 나라들이 노예 무역에 앞다퉈 뛰어든 것은 당연한 일이었다. 그리하여 17세기 중반에는 매년 1만 명이 노예선을 타고 대서양을 건넜으며, 노예 무역이 전성기에 이른 18세기에는 매년 6만 명의 노예가 아메리카로 실려 갔다. 그 결과 1000만 명의 아프리카 노예가 서반구로 왔다.

앞서 말한 것처럼 아프리카 인들이 처음부터 노예로 들어온 것은 아니었다. 그들은 백인과 마찬가지로 계약 노동자로 왔고, 그래서 계약 기간이 끝나면 자유와 토지를 얻었다. 그런데 이들이 주로 일한 곳은 남부의 담배 농장과 쌀 농장이었다(목화는 19세기의 주요 생산물이었다). 처음에는 이들 농장에서 백인 노동자들도 일했으나 매우 힘들었기 때문에 흑인들에게 강제로 일을 시키는 노예제가 만들어졌다고 한다. 이때가 대략 17세기 말이었다.

이렇게 흑인들을 노예로 묶어 두면서 흑인은 백인에 비해 열등한 존재라는 인종주의가 확립되었다. 특정한 집단을 어떤 인종으로 분류한 뒤 차별하고 배제하는 인종주의는 꽤 오래된 일이긴 하지만, 이때 와서 피부색에 따른 인종주의가 자리 잡았고 오늘날까지 이어져 오고 있다. 그리고 이와 같은 사상은 북미 대륙에서 인디언을 배제하는 과정에도 이용되었다. 이런 점에서 보면 미국은 흑인의 강제 노동으로 부를 얻고, 인디언을 몰아내 땅을 얻으면서 백인 사회를 확립해 갔다고 할 수 있다.

독립 전쟁은 왜 일어났을까?

미국의 독립은 새로운 땅에 새로운 사회를 건설하러 간 사람들이 독자적인 공화 정부를 만들었다는 점에서 매우 중요한 사건이다. 물론 영국인이라고 생각하며 살아가던 식민지인들이 처음부터 독립을 생각했던 것은 아니다. 하지만 18세기 중반 이후 본국의 간섭이 심해지면서 자신들의 권리를 보장할 수 있는 정치 체제를 수립해야 한다는 생각이 커졌고, 그 결과가 독립 전쟁이었다. 그들이 생각한 양도할 수 없는 권리는 '생명, 자유, 행복의 추구'였는데, 이는 이후 근대 정치의 주요한 목표이자 원칙이 된다. 하지만 독립 전쟁의 결과 만들어진 나라는 모든 이의 권리를 보장하는 평등한 사회는 아니었다. 재산이 없는 사람, 여성은 이등 시민이었고, 흑인 노예는 인간이 아니라 재산에 불과했으며, 인디언은 아예 자리가 없었다.

에스파냐 인들이 남미 대륙에 제국을 건설한 것과 달리 영국인들이 만든 북미 대륙의 식민지는 상당한 자치를 누렸고, 경제적으로도 별다른 간섭을 받지 않았다. 열세 개의 식민지는 독자적인 정치 제도와 기본법을 가지고 있었는데, 대표적인 예가 버지니아 하원[4]이었다. 이는 에스파냐가 남미 대륙에 자국의 영주제를 심은 것과 다른 점이었다. 영국의 이런 식민지 정책을 '건전한 방임'이라고 부른다. 그런데 18세기 중반 영국이 이런 정책을 버리고 식민지에 대해 여러 모로 간섭을 하기 시작했고, 이는 곧 충돌과 전쟁으로 치달았다.

북아메리카 식민지에 대해 영국이 간섭하기 시작한 것은 재정과 조세 문제 때문이었다. 영국은 17세기 이래 유럽에서뿐만 아니라 식민지를 둘러싸고 프랑스와 패권을 다투었는데 이것은 곧 몇 차례의 전쟁으로 이어졌다. 18세기 중반 7년 전

---

4) 버지니아 식민지를 개척한 버지니아 회사는 식민지에 온 사람들에게 영국인의 권리를 보장하였다. 또한 자치 정부를 만들어 모든 식민지인이 참여하는 것을 보장하였다. 이에 따라 1619년에 여러 정착지 대표가 모여 만든 것이 버지니아 하원으로, 미국 내 최초의 선출 의회라 할 수 있다.

쟁(1756~1763)도 그 가운데 하나였다. 영국은 이 전쟁에서 승리한 대가로 북아메리카에서 캐나다와 미시시피 동쪽 지역을 넘겨받는 등 많은 해외 영토를 얻게 되었다. 이로써 영국은 차츰 대영 제국의 면모를 갖추기 시작했다. 제국이 넓어진 만큼 거기에 들어가는 돈도 많아진 데다, 전쟁에서 쓴 비용도 만만치 않자, 영국 정부는 수입을 늘리기 위해 북아메리카 식민지인들에게서 세금을 더 걷기로 했다. 그래서 나온 법이 '설탕법'(1764)과 '인지세법'(1765)이었다.

전혀 생각하지도 않았던 세금을 새로이 내라고 할 때 좋아할 사람이 어디 있겠는가? 식민지인들은 분노하고 항의했다. 이들이 내세운 항의의 근거는 자신들의 대표가 참석하지 않은 영국 의회에서 만들어진 법률을 인정할 수 없다는 것이었다. 그 유명한 "대표 없이 과세 없다."는 논리가 바로 여기서 나왔다.

여기에 더해 영국 정부는 식민지인이 애팔래치아 산맥 너머로 진출하는 것을 금지하는 포고령을 내렸다. 인디언들과의 충돌을 우려했기 때문이다. 그럴 경우 이제 막 전쟁이 끝나 안정을 찾은 제국이 다시 위험이 빠질 수 있었다. 하지만 인구가 늘어남에 따라 새로운 땅을 원했던 식민지인들은 이러한 조치에 불만을 가졌고, 포고령에 아랑곳하지 않고 서쪽으로 이주해 갔다.

어쨌든 새로운 세금에 대한 불만이 커지자 영국 정부는 인지세법을 철회하였다. 하지만 영국 정부는 이후에도 식민지에 주둔하는 영국군에게 숙박과 필요한 물품을 제공해야 하는 반란법과 다양한 상품에 관세를 매기는 타운젠드 법을 제정하였다. 식민지인들은 다시 항의했고, 영국 상품 불매 운동으로 맞섰다. 이에 영국은 군대를 파견하여 매사추세츠 의회와 버지니아 의회를 해산하는 탄압책을 썼다. 하지만 식민지인들이 계속해서 저항하자 이번에도 영국 정부는 타운젠드법을 철회할 수밖에 없었다.

하지만 1770년 3월 보스턴에서 식민지인과 영국군이 충돌하는 사건이 벌어졌다. '보스턴 학살'이라고 알려진 이 일로 다섯 명의 식민지인이 영국군이 쏜 총에 맞아 숨졌다. 이 사건을 계기로 식민지인의 감정은 더욱 격해졌고, 연락 위원회를 만드는 등 북아메리카 식민지의 단결을 도모하였다. 그로부터 3년 후인 1773년 12월에는 동인도 회사[5]의 특권에 항의하는 식민지인들이 보스턴 항구에 정박해 있던 동인도 회사

---

5) 1600년에 영국이 인도 및 동아시아와의 무역을 촉진하기 위해 설립한 회사. 에스파냐와 포르투갈이 장악하고 있던 향신료 무역에 참여하기 위해 국왕의 특허장으로 설립한 회사였으나, 나중에는 정치적 성격까지 띠게 되었다.

배에 올라가 차를 모두 바다에 던져 버리는 '보스턴 차 사건' 이 일어났다. 이런 일련의 사건들은 본국과 식민지가 너무나 다른 생각을 가지고 있으며, 따라서 어떤 식으로든 폭발이 일 어날 것임을 예고했다.

식민지인들이 처음부터 독립을 열망했던 것은 아니다. 자 신들은 영국인이고, 따라서 영국인으로서의 권리를 누리고 있다고 생각했기 때문에 본국의 간섭에 분노하고 항의했던 것이다. 하지만 갈등이 깊어지면서 점차 생각이 다르다는 것 이 드러났다. 그리고 독립은 서서히 궤도에 올랐다. 독립의 논리는 계몽사상, 자유주의, 공화주의, 급진적인 민주주의 등 당시 대서양 세계에 퍼져 있던 철학과 정치 이론으로 구성되 었다.

가장 강력한 영향을 미친 것은 존 로크(John Locke, 1632∼ 1704)의 자유주의였다. 그의 논리에 따르면 정부란 악과 위험 으로부터 개인을 보호하기 위해 만들어진 것이었다. 그런데 어떤 정부든 부패하기 쉬운 인간이 운영하기 때문에 권력의 남용을 막을 안전장치가 필요했고, 그래도 안 될 경우에는 인 민이 정부를 교체할 권리를 가지고 있었다. 이런 관점에서 보 았을 때 당시 영국 정부는 부패하였을 뿐만 아니라 식민지인 의 권리를 침해하는 정부였다.

한편 17세기 이래 대서양 세계에서는 고대의 공화주의가 새롭게 부활하였다. 공화주의에 따르면 이상적인 사회는 각자 자기 노동으로 살아가는 사람들이 모인 공동체였다. 이러한 공동체가 유지되기 위해 개인들은 자신의 사사로운 이익보다는 공공선을 우선시해야 하며, 그것은 애국심으로 표현된다. 이런 공화주의에서 보았을 때 영국은 사사로운 이익을 취하는 부패한 무리들의 소굴이었다. 그러니 이번 기회에 신대륙 아메리카에 자영농과 수공업자가 중심이 된 이상적인 사회를 만들어야 했다.

이런 생각의 밑바탕에 있는 것이 계몽사상이었다. 중세의 종교적인 세계관에서 벗어나 세계를 인간의 관점에서 보는 계몽사상에 따르면, 이성을 가진 인간은 온갖 어려움을 극복하고 더 나은 세계를 만들 수 있었다. 그리고 이러한 변혁의 관점에 의하면 사람들은 부조리한 현실에 안주하지 않고 행동으로 새로운 사회를 구성할 수 있었다.

이러한 여러 사상들이 당시 유럽과 아메리카라는 대서양 세계에 확산되어 있다가, 아메리카 식민지의 반란 속에서 솟구쳐 올라올 기회를 잡았던 것이다.

1774년 9월 필라델피아에서 조지아 식민지를 제외한 열두 개의 식민지 대표들이 모여 제1차 대륙 회의(Continental

Congress)를 열었다. 아직까지도 독립을 분명하게 주장한 것은 아니지만, 곧이어 닥칠 전쟁에서 이 대륙 회의는 지휘부 노릇을 할 것이었다.

1775년 4월 보스턴 교외 렉싱턴에서 영국군과 아메리카 민병대가 충돌하면서 독립 전쟁이 시작되었다. 누가 먼저 총을 쏘았는지는 아직도 논란거리이지만 당시로선 그게 중요한 문제가 아니었다. 곧이어 식민지인들은 두 번째 대륙 회의를 열어 끝까지 무력 저항하기로 결의했다. 그래서 조지 워싱턴(George Washington, 1732~1799)을 사령관으로 하는 대륙군을 창설하였다. 하지만 강력한 해군과 풍부한 물자를 가진 영국에 비해 식민지 군대는 보잘것없는 수준이었다. 게다가 대륙 회의가 있긴 했지만 여러 식민지를 하나로 끌고 갈만한 중앙 정부가 없는 것도 큰 약점이었다. 따라서 전쟁 초기에 식민지 군대는 고전할 수밖에 없었다.

하지만 영국군에게도 약점이 있었다. 먼저, 본국에서 멀리 떨어진 아메리카 대륙에서 싸우는 것 자체가 쉽지 않은 일이었다. 여기에 더해 영국의 경쟁국인 프랑스가 참전하여 식민지인을 도왔고, 에스파냐, 네덜란드, 러시아도 식민지군을 원조했다. 하지만 무엇보다 중요했던 것은 독립을 향한 식민지인들의 열망이었다. 토머스 제퍼슨(Thomas Jefferson, 1743~

1826)이 쓰고 대륙 회의가 1776년 7월에 발표한 '독립 선언서'에 나와 있는 "생명, 자유, 행복의 추구"를 위해 식민지인들은 열심히 싸웠던 것이다.

1777년 10월에 벌어진 사라토가 전투에서 승리를 거두면서 식민지인들은 전세를 역전시켰다. 그리고 1781년 10월 요크 타운 전투에서 아메리카와 프랑스 연합군은 영국군을 포위하여 항복을 받았다. 그러자 영국은 협상에 나섰고, 1783년 9월 양측은 파리 조약을 맺었다. 이 조약으로 미국은 독립하게 되었고, 캐나다 남쪽 국경에서 플로리다 북쪽 국경까지, 대서양에서 미시시피 강까지의 영토를 인정받았다.

독립 이후 각 식민지는 독자적인 정부를 만들었다. 왕정이 아닌 공화주의 이념을 바탕으로 성립된 이 정부들은 평등한 시민들의 공동체였다. 동시에 자유주의에 기초하여 이윤을 추구하는 자본주의 사회였다. 이에 따라 노예제 폐지가 문제가 되었다. 미국의 독립은 모든 사람이 양도할 수 없는 권리를 가지고 있으며, 그 가운데 가장 중요한 것이 '생명, 자유, 행복의 추구'라고 선언하였다. 그렇다면 흑인 노예도 그런 권리를 가진 것이 아닌가? 이런 생각을 가진 사람들은 노예제 폐지를 주장하였다.

하지만 노예가 해방되기까지는 거의 100년에 가까운 시간

이 더 필요했다. 대부분의 백인들은 흑인이 열등하다고 믿었다. 이 믿음보다 더 중요한 것은 돈 문제였다. 특히 남부 농장주들에게 흑인 노예는 많은 돈이 들어간 재산이었다. 따지고 보면 세금을 더 내라는 말에 독립한 것과 마찬가지인데, 그런 귀한 재산을 포기하라니! 그래서 백인 가운데에도 노예제를 도덕적으로 비난하는 사람이 적지 않았지만 결국 노예제는 존속되었다.

하지만 흑인 노예만 공화주의 공동체의 구성원 자격이 없었던 것도 아니었다. 여성 역시 여러 가지 면에서 종속적인 지위에 머물렀다. 그리고 영국의 간섭을 물리친 식민지인들은 아무 거리낌 없이 서쪽으로 영토를 넓혀 갔고, 인디언은 추방당할 운명에 처했다.

미국이 독립했을 때 만들어진 것은 앞서도 말했듯이 열세 개의 독자적인 국가(State)였다. 물론 독립 전쟁이 한참이던 1777년에 공동 행동을 위해 연합 헌장을 만들었고, 이것이 중앙 정부 비슷한 역할을 하기는 했다. 하지만 연합 헌장으로 만들어진 연합 의회는 외교와 국방에 관한 권한만 가진 아주 약한 정부였다. 그런데 독립 이후 영국이나 에스파냐 등 타국의 위협이 사라진 것도 아니었고, 전쟁 부채를 갚기 위해서는 막대한 돈이 필요했다. 그래서 여러 나라를 통합한 강력한 중앙 정부를 만들어야 한다고 주장하는 사람들이 생겼다. 이런 사람들을 '연방파'라고 부른다.

이들 연방파의 주도 속에 1787년 5월 제헌 의회가 열려 연방 헌법을 만들었다. 물론 연방을 구성하게 될 각 주마다 입장이 달랐기 때문에 쉽지 않을 일이었다. 하지만 '견제와 균형'이라는 원칙하에 연방 정부와 주 정부가 권한을 나누어 가지는 방식으로 타협이 이루어졌고, 얼마 지나지 않아 연방 헌법이 제정되었다. 그리고 헌법에 따라 대통령 선거를 실시, 워싱턴이 초대 대통령이 되었다. 하지만 연방 헌법에는 인권에 관한 조항이 없었기 때문에 1791년 말 열 개의 수정 조항이 헌법에 들어가게 되었다. 여기에는 종교, 언론의 자유, 배심 재판을 받을 권리 등이 포함된다.

분명 미국의 독립과 혁명은 압제에서 벗어나 자유롭고 평등한 공화주의 국가를 세운다는 이상 속에 이루어졌다. 하지만 일단 국가가 만들어지자 다른 나라와 경쟁할 수밖에 없었다. 그러자 다른 모든 것을 희생하더라도 강력한 국가를 만들고, 산업을 발전시켜야 한다는 논리가 우세해졌고, 이 속에서 많은 사람의 권리가 희생되어 갔다.

독립 선언서

우리는 다음과 같은 것을 자명한 진리라고 생각한다. 모든 사람은 평등
하게 태어났으며, 조물주는 몇 가지 양도할 수 없는 권리를 부여했는데,
그 가운데 생명, 자유, 행복의 추구가 있다. 이 권리를 확보하기 위해 인
류는 정부를 조직했으며, 이 정부의 정당한 권력은 인민의 동의에서 유
래한다. 또 어떤 형태의 정부이든 이러한 목적을 파괴할 때에는 언제든
지 정부를 변혁하거나 폐지하여 인민의 안전과 행복을 가장 효과적으로
가져올 수 있는 (······) 새로운 정부를 조직하는 것은 인민의 권리이다.

— 1776년 7월 4일

2

미국은 어떻게
넓어졌을까?

아메리카 인디언은 어떻게 쫓겨났을까?

독립을 이루고 국가를 만든 이후, 미국은 끊임없이 영토를 넓혀 갔다. 그 결과 19세기 중반에 이르러 대서양에서 태평양에 이르는 이른바 대륙 국가가 되었다. 이 과정에서 미국은 프랑스로부터 루이지애나 지역을 사들이기도 했고, 멕시코와 전쟁을 벌여 텍사스를 빼앗기도 했다. 또한 이 과정은 원래 이 땅에 살고 있던 인디언을 몰아내는 과정이기도 했다.

백인 이주자와 인디언의 협력과 갈등은 서로 대면한 직후부터 계속되어 왔다. 인디언은 옥수수 농업과 어업을 가르쳐 주어 백인들이 정착하는 데 도움을 주기도 했고, 모피 교역자 역할을 하기도 했다. 반면 백인들이 끊임없이 몰려들면서 자신들의 땅을 침입하자 전쟁을 벌이기도 했다. 하지만 미합중국의 탄생 이후 인디언은 서쪽으로, 서쪽으로 쫓겨 갈 수밖에 없었다.

'독립 선언서'의 기초자이자 제3대 대통령인 토머스 제퍼슨 같은 사람은 계몽사상의 후예답게 인디언을 '고상한 야만인(Noble Savage)'이라고 보았다. 다른 말로 하면 아직 문명의 세례를 받지 않았다는 것이다. 하지만 언젠가는 이들이 자영농으로 변해 미국 사회에 동화될 것이라고 보았다. 이런 점이 흑인 노예를 대하는 것과는 다른 태도이다.

하지만 인디언과 얼굴을 맞대고 있던 변경의 이주민들은 다른 태도를 보였다. 경제적인 동기로 서쪽으로 몰려간 개척자들이 보기에 인디언이 소유하고 있는 토지와 자원은 '따먹기 좋게 잘 익은 열매'에 불과했다. 이들에게 인디언은 문명의 팽창을 가로막는 장벽에 불과했던 것이다. 그래서 그들은 연방 정부가 인디언과 체결한 조약 따위는 무시하고 인디언 영토에 들어가 사냥을 하거나 정착지를 만들었다. 당연하게도 이것은 양측의 충돌로 이어졌다. 이 과정에서 백인들은 아무 거리낌 없이 인디언을 죽였고, 또한 당연하게 인디언도 이에 복수하였다.

이러한 충돌이 크게 번진 것이 1811~1812년의 '대전투'였다. 연방 정부는 조약이라는 이름으로 땅을 빼앗고, 개척자들은 마음대로 인디언 영토를 유린하는 상황에서 쇼니(Shawnee) 족 출신의 테쿰세(Tecumseh, 1768~1813)와 그 동생 텐스콰와 타(Tenskwatawa, 1775~1836)는 여러 부족을 통합하여 대항하 려고 하였다. 그들의 목표는 백인의 팽창을 저지하고, 오하이 오 강을 미국과 인디언 나라의 경계선으로 만드는 것이었다. 그러자 인디애나 준주(準州)의 지사인 해리슨(William Henry Harrison, 1773~1841)은 1811년 11월 선제공격을 감행하였 다. 다음해까지 인디언들은 산발적인 저항을 계속하며 백인 들을 공포에 떨게 했지만 원하는 목표를 달성하지는 못했다.

19세기 전반, 미국은 '보통 사람의 대통령'을 자처한 두 사 람을 선출한다. 한 사람은 연방 정부가 적은 권한만을 가져 야 한다고 생각한, 순수한 민주주의 신봉자 제퍼슨이다. 다른 한 사람은 동부의 특권 세력을 공격하면서 보통 사람의 대통 령이라는 선거 구호로 1828년에 당선된 앤드류 잭슨(Andrew Jackson, 1767~1845)이다. 이런 대통령이 나타났다는 것은 참 정권이 확대되면서 민주주의가 조금씩이나마 발전했다는 의 미이다.

하지만 이들 또한 인종적 편견을 가지고 있기는 마찬가지 였고, 영토 팽창에 몰두하였다. 제퍼슨은 1804년에 나폴레옹 이 다스리던 프랑스로부터 '루이지애나'라 불리던 서부의 광대한 영토를 사들였다. 서부 농민들의 지지를 받던 잭슨은 특히 인디언을 깊게 혐오했고, 이는 그대로 정책에 반영되었다. 바로 '인디언 이주'라 불린 강제 추방이었다.

구 북서부의 산림 지역 인디언들은 1831~1832년에 있었던 최후의 전투 중에 추방당했다. 소크(Sauk) 족과 폭스(Fox) 족 인디언들은 전설적인 지도자 블랙 호크(Black Hawk, 1767~1838)의 지도하에 일리노이의 토지를 되찾기 위해 싸웠다. 하지만 백인 민병대와 연방군은 말 그대로 잔학한 군사 작전을 통해 인디언들을 학살했다. 이들은 인디언이 투항할 때도 공격했으며, 후퇴하는 인디언을 추격하여 수많은 이들을 죽였다.

또한 연방 의회는 남부에 살던 '문명화된 다섯 부족'을 쫓아내기 위해 1830년에 이주법을 만들었다. 이주법은 남부의 인디언 부족과 협상하고 이들을 서부로 강제 이주시키는 데 필요한 예산을 승인하는 법이었다. 당시 여러 인디언 부족들은 세력이 미약했기 때문에 백인들의 강압을 견디지 못하고 돈 몇 푼을 억지로 받고 땅을 내줄 수밖에 없었다. 그래서 1938년 겨울 이들은 오클라호마로 향하는 기나긴 강제 이주의 길을 떠났다. 이후 이들이 걸었던 길은 '통곡의 길'로 알려지게 되었다.

19세기 중반에 미국이 대륙 국가가 되었다는 이야기는 앞에서 했다. 1849년에는 금광을 찾아 태평양 연안 캘리포니아로 많은 사람들이 몰려왔다. 하지만 그때까지도 미국의 서쪽 절반은 여전히 인디언의 땅이었다. 이른바 '골드러시' 이후 40여 년은 이들 인디언이 패배하고, 땅을 빼앗기고, 결국 허울 좋은 '인디언 보호 구역'으로 격리된 역사였다.

19세기 중반 서부에는 다양한 인디언 부족이 살고 있었다. 그 가운데 숫자가 가장 많은 이들은 유목 생활을 하고 있던 평원 인디언들이었다. 수(Sioux), 샤이엔(Cheyenne), 아파치(Apache) 등으로 대표되는 평원 인디언들은 나무가 없는 평원에서 500명 정도의 무리로 나뉘어 버펄로 등을 사냥하며 살았다. 그런데 백인 정착민들이 몰려오면서 버펄로와 같은 사냥감을 무차별적으로 잡아 이들의 생활 기반 자체가 무너져 버렸다. 그러자 연방 정부는 이들에게 보호 구역 내에서 농사를 지으며 살라고 권했다. 하지만 오랫동안 내려온 생활 관습을 하루아침에 바꿀 수는 없는 노릇이었다. 자존심이 강하고 공격적인 이 부족들은 백인들의 침입에 대항했지만, 여러 부족과 집단으로 나뉘어 효과적으로 대적하지 못했다. 또한 백인들의 마구잡이식 사냥으로 이들의 생활 기반인 버펄로가 소멸한 것도 큰 타격이었다.

이런 평원 인디언들 가운데 끝까지 저항했던 것이 아파치

족이었다. 백인들의 침입으로 아파치 족은 1872년에 원래 갖고 있던 땅을 포함한 보호 구역을 받고 평화를 유지하기로 하였다. 하지만 백인들은 이들을 백인 문명에 완전히 동화시키려 했고, 이에 아파치 족은 제로니모(Geronimo, 1829~1909)를 지도자로 삼아 10년 이상 싸워 나갔다. 하지만 시간이 흐르면서 아파치 족 전사들은 점차 줄어들었고, 그에 따라 희망도 점점 작아졌다. 결국 그들은 항복할 수밖에 없었다.

이외에 나바호(Navaho) 족, 푸에블로 족과 같이 농경 생활을 하던 인디언들의 운명도 그리 다르지 않았다. 백인들의 숫자가 늘어나면서 인디언들은 경작지와 방목지를 점차 잃어 갔다. 이에 인디언들은 산발적으로 저항하긴 했지만 인디언의 권리는 안중에도 없는 백인들의 보복은 가혹했다.

1890년 사우스다코타의 운디드니 전투는 백인들의 침입과 인디언의 저항으로 시작된 긴 싸움의 종말이었다. 그 이후 인디언들은 인디언 문화를 파괴하고 백인 문명에 동화시키려는 압력 아래 보호 구역에서 숨죽이며 살 수밖에 없었다. 인디언의 서부는 이렇게 사라져 갔으며, 이들이 자신의 권리와 정체성을 되찾기 위해서는 반세기 이상을 기다려야 할 것이다.

아일랜드 인과 독일인이 미국으로 온 까닭은 무엇일까?

어마어마한 영토 팽창과 함께 19세기에는 엄청난 수의 이민자들이 미국으로 들어왔다. 이를 통해 거대한 영토뿐만 아니라 다양한 민족이 섞인 미국이라는 나라가 만들어졌다. 당시 이민자 가운데 가장 많은 수를 차지한 것이 아일랜드 인과 독일인이었다. 어떤 사람들은 정치적, 종교적 박해를 피해, 또 어떤 사람들은 가난과 배고픔에서 벗어나기 위해 '기회의 땅' 미국으로 몰려들었고, 늘 노동력 부족에 시달렸던 미국은 이들을 기꺼이 받아들였다.

대부분이 가톨릭을 믿는 아일랜드 인들은 법적으로는 자유로웠지만, 실질적으로는 영국에 정복당한 상태였다. 영국 지배자들이 아일랜드의 정치를 좌지우지했고, 영국 정착민들이 대부분의 토지를 갖고 있었다. 그래서 아일랜드 인들은 이들에게 땅을 빌려 농사를 짓는 소작농이 될 수밖에 없었다.

영국이 아일랜드에 침략의 손길을 뻗친 것은 15세기 초부터였다. 그 후 아일랜드 인들은 이러한 영국의 침략과 지배에 맞서 주기적으로 반란을 일으켰고, 그 반란 과정에서 흘린 아일랜드 인들의 피가 대지를 적셨다. 대표적인 예가 1641년 반란이다. 아일랜드 인이 수천 명의 프로테스탄트를 죽이자, 보복으로 크롬웰(Oliver Cromwell, 1599~1658)[6] 역시 수천 명의 가톨릭 아일랜드 인들을 학살했다. 이 싸움은 여기서 그치지 않고 10년 이상 지속되었으며, 전쟁, 기근, 질병 등으로 이때에만 50만 명이 넘는 사람들이 죽었다.

영국의 승리 이후 아일랜드 인들은 기본적인 권리마저 빼앗겼다. 가톨릭교도는 선거권도 박탈당했고, 공직에 나갈 수

6) 영국 내전(청교도 혁명) 시기 의회파 지도자로 스튜어트 왕가를 전복시키는 데 기여했다. 1653~1658년에 잉글랜드, 스코틀랜드, 아일랜드를 포괄하는 공화국의 호국경으로 최고 권력을 휘둘렀다.

도 없었으며, 대학에 입학하거나 대학에서 가르칠 수도 없었다. 1829년에 가톨릭을 탄압하는 법률이 폐지되면서 상황이 좀 나아지긴 했지만, 영국의 지배는 변함없는 사실이었다.

오랫동안 카스트 제도[7]의 최하층과 비슷한 상황에 처해 있던데다, 소작농으로 살아 왔기 때문에 대부분의 아일랜드 인은 가난했다. 게다가 유효 경작지의 25퍼센트가 감자밭이었는데, 19세기 중반 유럽에 퍼진 감자의 병충해로 100만 이상이 굶어 죽기까지 했다. 그러니 기회가 왔을 때, 아니 더 정확히 말해 어쩔 수 없이 이들은 고향을 떠나야 했던 것이다.

1820년대부터 들어오기 시작한 아일랜드 이민자의 수는 19세기 말 무렵에는 400만 명이 넘었다. 이들은 미국의 산업 발전에 발맞추어 그 수가 점점 증가했다. 그리고 1840년 아일랜드 계 노동자가 뉴잉글랜드 방직 공장 노동자의 다수를 차지하게 되었다. 물론 가장 많이 들어온 때는 1840년대 말과 1850년대였다. 이때 기근을 피해 미국으로 들어온 아일랜드 인은 150만 명을 넘었다.

미국으로 이주한 아일랜드 인들의 삶은 여전히 어려웠다.

---

7) 가문, 결혼, 직업 등에 의해 사회 내에서 특정한 지위를 지닌 집단을 가리키는 말이다. 인도를 비롯한 남아시아 지역에서 발전한 것으로 카스트(caste)에 따른 차별이 매우 엄격하다는 점에서 신분제와 다르다고 할 수 있다.

가톨릭교도인 이들은 오랫동안 영국에 의해 차별적인 지배를 받아 온 까닭에 다른 유럽 인이나 미국인들도 이들을 깔보는 경향이 있었다. 게다가 제대로 교육을 받지 못한 농촌 출신이 대부분이었으므로 미국에서 좋은 일자리를 찾을 수 없었다. 남자들은 주로 육체노동에 종사했고, 여자들은 하녀로 일했다. 그 덕에 기존의 미국인들은 이들을 "하얀 흑인"이라고 불렀다. 반대로 흑인들은 "검은 아일랜드 인"이라 불리기도 했다.

주로 육체노동에 종사하거나 하녀로 일했기 때문에 아일랜드 인들은 대부분 동북부의 대도시에서 살았다. 대도시의 정치가들은 이들을 자신의 지지 기반으로 삼으려 했다. 반대로 아일랜드 인들은 이를 통해 계층 상승을 꾀하려 했고, 서서히 최하층의 지위를 벗어나게 되었다. 이는 물론 아일랜드 인들의 경제적 성공과 궤를 같이했다. 그래서 19세기 말이 되면서 여전히 많은 수가 별 볼일 없는 직종에서 일하긴 했지만, 일부가 전문직이나 공무원 등으로 일하게 되었다. 그와 함께 아일랜드 인들은 '하얀 흑인'에서 벗어나 백인의 일원으로 대접받게 되었다.

현재와 같은 독일이 탄생한 것은 1871년 프로이센이 여러 나라를 통일하고 나서였다. 그 이전까지 독일은 많은 때는 수백 개, 적을 때는 수십 개의 작은 나라로 나뉘어 있었다. 하지만 프랑스 혁명과 나폴레옹 전쟁[8] 이후 국민 국가를 만드는 것이 시대의 과제였고, 독일 지역도 예외는 아니었다. 문제는 프랑스처럼 아래로부터의 혁명을 통해 국민 국가를 만들 것인가 아니면 귀족 등 지배 계급이 군사력으로 새로운 나라를 만들 것인가였다.

유럽에서 이런 움직임이 대규모로 터져 나온 것이 1848년 혁명이었다. 2월 파리에서 시작된 혁명은 빈과 베를린을 거쳐 전 유럽으로 확산되었다. 이 흐름에 따라 독일 지역의 부르주아와 민중도 새로운 헌법에 따른 국민 국가를 만들려 했다. 하지만 그해 가을이 지나면서 혁명의 물결이 퇴조하여 혁명에 참여했던 수많은 사람들은 정치적 박해를 피해 망명해야만 했다. 이런 사람 가운데는 특히 수공업자가 많았고, 이들은 이후 미국 사회의 발전에 중요한 기여를 하게 된다.

---

8) 1789년 신분제 의회인 삼부회가 소집되면서 시작된 프랑스 혁명은 신분제에 기반한 절대주의 체제를 무너뜨리고 근대 정치 체제를 마련하였다. 하지만 혁명의 혼란 중에 군부가 힘을 가지게 되었고, 이 과정에서 혁명파 장교인 나폴레옹은 쿠데타를 통해 1799년에 권력을 잡았다. 이후 나폴레옹은 프랑스 혁명의 이념을 전파하고, 프랑스의 세력을 확장하기 위해 전쟁을 주도하여 유럽 일대를 석권하였다. 하지만 1814년과 1815년에 전쟁에서 나폴레옹이 패하면서 유럽은 잠시 과거의 질서로 복귀하였다.

독일인 이민자가 아메리카 대륙에 처음 들어온 것은 1620년
이었고, 이후에도 간헐적으로 들어오긴 했다. 하지만 대규모
로 들어온 것은 19세기였는데, 이때 500만 명이 넘는 독일인
이 미국 땅을 밟았다. 이 가운데 상당수가 1848년 혁명 이후
에 대서양을 건넌 사람들이었다.

아일랜드 이민자와 달리 아메리카로 온 독일인들은 가족
단위로 이주했고, 어느 정도의 재산을 가지고 있었다. 그래
서 이들은 대도시에 머물지 않고, 변경 지역으로 이주하여 자
영농으로서의 삶을 살고자 했다. 또한 독일인 이민자 중에는
수공업자들이 많았는데, 이들은 동부 도시 혹은 서부 도시에
서 사업을 벌였다. 이들이 만든 회사 가운데 오늘날까지 이
어져 오는 대표적인 기업으로 렌즈 및 안경 회사인 바슈 앤드
롬(Bausch&Lomb), 피아노 회사인 스타인웨이(Steinway), 식품
회사인 하인즈(Heinz) 등이 있다.

독일인 이민자들이 가지고 들어온 관습과 문화는 오늘날
미국 사회에 중대한 영향을 끼쳤다. 그 가운데 가장 중요한
것이 여가 활동이다. 음악, 야유회, 춤, 카드놀이, 수영, 볼링
등의 활동은 19세기 독일인들이 가지고 들어와 자리를 잡았
다. 교육 측면에서도 독일인은 많은 기여를 했다. 미국 최초
의 유치원이 1855년에 독일인에 의해 처음으로 만들어졌다.

당시 가장 발달한 대학 제도를 가지고 있던 독일이었기에 고등 교육에서도 이들의 기여도는 매우 높았다.

미국과 멕시코는 왜 전쟁을 벌였을까?

오늘날도 마찬가지지만 19세기에 미국의 영토 팽창을 정당화한 이데올로기는 '명백한 운명(Manifest Destiny)'이라는 논리였다. 이 논리에 따르면 미국은 신과 역사에 의해 거대한 지역으로 영토를 확장하라는 운명을 타고났다는 것이다. 이 논리는 당연히 다른 민족, 다른 나라와의 충돌로 이어졌다. 19세기 중반 미국이 팽창을 거듭하여 태평양 연안에 도달할 무렵 이 충돌의 양상은 멕시코 전쟁으로 나타났다.

루이지애나 매입 시절부터 텍사스는 미국과 멕시코 사이의 논란거리였다. 하지만 1819년에 미국은 이 땅이 멕시코 영토라는 것을 인정하였다. 1920년대 초 멕시코 정부는 지역 개발과 세수 증대를 위해 미국인의 텍사스 이주를 장려하였다. 이에 따라 남부 백인과 노예가 이곳으로 이주하여 1935년에는 약 3만 5000명의 미국인이 살게 되었다.

이렇게 텍사스에 미국인이 많이 살게 되면서 멕시코 인과의 갈등도 커졌다. 그러자 멕시코 정부는 지역 정부 권한을 줄이고 중앙 정부 권한을 강화하여 통제하기 시작했다. 이에 맞서 미국인 이주자들은 1936년에 아예 독립을 선포해 버렸다. 멕시코 정부는 군대를 동원하여 이를 진압하려 했지만, 샘 휴스턴(Sam Houston, 1793~1863) 장군이 이끄는 텍사스 군대가 승리하였다.

이렇게 독립을 획득한 텍사스는 휴스턴을 초대 대통령으로 하는 공화국을 세운 다음 미국에 병합을 요청하였다. 하지만 잭슨 대통령은 이 문제로 멕시코와 전쟁이 발발하는 것을 원하지 않았고, 북부인들은 노예제가 확대될까 우려해 병합에 반대하였다. 텍사스 병합은 무산되는 듯했다. 하지만 텍사스 공화국이 유럽 각국에 지지와 원조를 요청하자, 미국은 다시 입장을 바꾸어 텍사스를 병합하는 쪽으로 가닥을 잡았다. 결국 1845년 12월에 텍사스는 미국의 한 주가 되었다.

멕시코와의 영토 분쟁은 텍사스에 한정된 일이 아니었다. 미국이 텍사스를 주로 받아들이자, 멕시코는 외교 관계를 단절했다. 그런데 텍사스 병합으로 미국과 멕시코의 경계선 문제가 불거졌다. 미국은 리오그란데 강을 서부와 남부 국경선으로 주장했지만, 멕시코는 그보다 북쪽에 있는 뉴에이서스 강이 경계선이라고 주장했다. 이렇게 해서 오늘날 뉴멕시코에 해당하는 지역이 전쟁의 불씨가 되었다.

다음으로 분쟁의 단초가 된 지역은 캘리포니아였다. 당시 이 넓은 지역에는 여러 인디언 부족과 약 7000명의 멕시코 인이 살고 있었다. 여기에 먼저 들어온 미국인은 고래잡이 뱃사람들이었고, 다음으로 상인들이 들어왔다. 상인들은 가게를 차리고 멕시코 인과 인디언을 상대로 상당한 돈을 벌었다. 그다음으로는 개척 농민들이 토지를 사서 새크라멘토 계곡에 정착하였다. 이곳에 터를 잡은 이들 가운데는 이 땅이 미국 영토가 되기를 바라는 사람들이 많았다.

이런 상황에서 포크 대통령(James Polk, 1767~1849)은 두 지역을 미국의 영토로 획득하고자 했다. 그는 텍사스의 뉴에이서스 지역에 군대를 파견했고, 태평양 함대에게 전쟁이 일어나면 캘리포니아의 항구들을 장악하라는 비밀 명령을 내렸다. 하지만 그렇다고 무작정 선전 포고를 할 수는 없었기 때문에 일단 문제가 된 지역을 사들이겠다는 제안을 멕시코에 했다. 당연하게도 멕시코는 이 제안을 거부했고, 1846년 5월 미국은 전쟁을 선포하였다.

1846년 가을까지 미국은 쉽지는 않았지만 승리를 거두었고, 원하던 대로 뉴멕시코와 캘리포니아를 손에 넣었다. 그러나 멕시코는 이 땅을 내줄 생각이 전혀 없었고, 미국은 전쟁을 확대하였다. 즉시 멕시코 동부 해안에 있는 베라크루스를 점령하여 공격 기지를 만든 다음 멕시코시티를 공격한다는 계획이 수립되었다.

총사령관인 윈필드 스콧(Winfield Scott, 1786~1866)이 이끄는 1만 4000명의 미군은 계획대로 베라크루스를 점령한 다음 멕시코시티를 향해 진격했다. 멕시코 군은 케로 고르도에서 반격을 가했지만 도리어 치명적인 패배를 맛보았다. 이제 거칠 것 없는 미군은 멕시코시티를 포위했고, 격렬한 전투 끝에 이 도시를 점령했다. 멕시코 정부로서도 협상에 응할 수밖에 없었다.

협상에 임한 미국과 멕시코는 1848년 2월 과달루페 이달고 조약을 맺었다. 이 조약에 따라 멕시코는 뉴멕시코와 캘리포니아를 미국에 양도하고, 리오그란데 강을 텍사스 쪽 경계선으로 인정했다. 그 대신 미국은 멕시코에 1500만 달러를 주기로 했다. 미국 내에서는 여러 가지 이유에서 이 조약에 반대하는 여론이 높았다. 하지만 상원이 이 조약을 승인함으로써 멕시코 전쟁은 일단락되었다. 이로써 남서부와 서부의 광대한 지역이 미국 영토가 되었을 뿐만 아니라 그곳에 살던 멕시코 인들까지 미국 사회의 일원이 되는 계기가 되었다.

3

미국은 어떻게 강력한
산업국가가 되었을까?

- 남부와 북부가 싸운 이유는 무엇일까?
- 급속한 산업화는 어떻게 이루어졌을까?
- 이민의 물결이 일어난 이유는 무엇일까?

남부와 북부가 싸운 이유는 무엇일까?

우리가 흔히 남북 전쟁(1861~1865)이라고 부르는 전쟁의 원래 명칭은 '내전(The Civil War)'이다. 물론 지역 간, 계급 간 갈등이 전쟁으로까지 확대된 내전을 미국만 겪은 것은 아니다. 대부분의 나라들이 근대로 들어와 국민 국가를 건설하는 과정에서 일종의 홍역처럼 내전을 겪었다.

미국 내전의 특이 사항은 노예제가 주요한 원인의 하나라는 점이다. 그렇다고 남북 전쟁이 노예제를 반대한 착한 사람과 노예제에 집착한 나쁜 사람 사이의 싸움이었던 것은 아니다. 그것은 산업 생산에 기초한 북부와 농업 생산에 기초한 남부가 점점 커져만 가는 미국 사회의 주도권을 놓고 벌인 갈등이었다. 그런데 남부의 농업을 뒷받침한 것이 노예제였기 때문에 이것이 주요한 쟁점이자 원인이 될 수밖에 없었던 것이다.

남부와 북부의 지역적 차이와 갈등의 뿌리는 멀리 식민지 시기까지 거슬러 올라간다. 그것은 기본적으로 두 지역이 서로 다른 경제 체제를 가진 데 기인한다. 남부는 식민지 초기부터 대규모 농장에서 담배와 같은 상업 작물을 재배했다. 19세기 들어서는 영국의 산업 혁명에 발맞추어 면화가 주산물이 되었다. 그리고 이러한 작물 재배에 흑인 노예가 이용되었던 것이다. 이와 달리 북부에서는 상공업이 발달했고, 여기서는 노예가 아니라 임금 노동자가 고용되어 일했다.

이러한 차이는 산업 정책에서도 대립되는 생각을 가져왔다. 당시 미국 북부의 산업 수준은 영국과 같은 선진국에 비해 뒤져 있었다. 그래서 산업가들은 정부의 지원과 보호 무역 정책[9]을 원했다. 하지만 주로 영국에 면화를 수출하고 있던 남부는 자유 무역을 원했다. 그래야 면화를 손쉽게 수출하고, 싼 수입품을 쓸 수 있었기 때문이다.

---

9) 자유 무역과 달리 관세나 보조금 등의 수단을 이용하여 외국과의 경쟁에서 국내 산업을 보호하는 정책을 말한다. 주로 개발 도상 국가가 자국의 산업을 발전시키기 위해 사용하는 수단이다. 19세기의 경우 후발 산업 국가인 미국, 독일 등이 이 정책을 강하게 취하였다.

노예제 또한 갈등의 주된 원인이었다. 물론 노예제는 앞서 말한 것처럼 경제 체제와 관련이 있기는 했지만 인간을 비참한 상태에 묶어 두고 노동을 강제하는 노예제 자체로도 문젯거리가 되는 것은 당연한 일이었다. 근대 서양 사회가 발전하는 데 노예제가 중요한 역할을 하긴 했지만, 19세기에 노예제는 전 세계적으로 없어지는 추세였다. 하지만 미국 남부의 경우 면화 수요가 늘면서 도리어 노예제가 활기를 띠었다. 그래서 19세기 중반에는 남부 인구 가운데 3분의 1이 노예일 정도였다.

이렇게 남부와 북부는 서로 다른 경제 체제를 가지고 있을 뿐 아니라 노예제라는 비인간적 제도를 둘러싸고 갈등을 벌이고 있었다. 그리고 이런 갈등은 미국의 영토가 커질 때마다 터져 나왔다. 그것은 새로이 확대된 영토가 북부와 같은 자유주(Free State)가 될 것인지 아니면 남부와 같은 노예주(Slave State)가 될 것인지의 문제였다. 이 문제 때문에 1820년에 남부와 북부는 '미주리 타협(Missouri Compromise)'을 체결했다. 이 타협에 따르면 북위 36도 30분을 경계로 그 북쪽의 새로운 주는 자유주가, 남쪽은 노예주가 되는 것이었다. 하지만 이것은 말 그대로 타협에 불과했고, 언제든지 문제가 될 소지가 있었다.

노예제에 대한 흑인 노예의 저항 그리고 백인들의 노예제 폐지 운동은 노예제만큼이나 오랜된 것이다. 하지만 19세기 들어 전 세계적으로 노예 무역이 금지되고 노예제가 폐지되어 가면서 미국 내의 노예제 반대 운동도 커져 갔다. 이런 흐름 속에서 1831년 백인 노예제 폐지론자인 윌리엄 로이드 개리슨(William Lloyd Garrison, 1805~1879)은 보스턴에서 《해방자(*The Liberator*)》를 창간하여 노예제 반대 운동을 적극적으로 벌였다. 그는 노예제가 흑인에게 엄청난 해악을 가하고 있다고 말하면서 즉각적인 노예 해방이 이루어져야 한다고 주장했다. 이런 개리슨의 주장에 동조하는 사람들이 미국 노예제 폐지 협회를 만들어 전국에서 활동하였다.

흑인 중에서도 유명한 노예제 폐지 운동가가 있었다. 메릴린드에서 노예로 태어난 프레드릭 더글러스(Frederick Douglass, 1818~1895)는 1838년 매사추세츠로 도망가 노예제 폐지 운동에 뛰어들었다. 이후 뉴욕에서 《북극성(*The North Star*)》을 창간하여 노예제 폐지를 주장하는 연단으로 삼았다. 여기서 그가 주장한 것은 정치적 자유뿐만 아니라 사회적, 경제적 평등을 포함하는 것이었다.

이런 식의 노예제 폐지 운동 이외에 흑인 노예들의 이러저러한 저항도 노예제가 폐지되는 데 중요한 역할을 했다. 1831년에 노예 출신의 전도사인 냇 터너(Nat Turner, 1800~1831)는 무장한 흑인 노예들을 이끌고 버지니아 주의 한 마을을 습격하여 점령했다. 얼마 못 가 백인 민병대와 연방군에 의해 진압되고, 100여 명 이상의 노예가 처형되긴 했지만, 노예들의 바람을 보여 주기에 충분한 사건이었다.

냇 터너 식 폭동 이외에도 은밀하고 온건한 형태의 저항은 언제나 있는 일이었다. 대표적인 것이 도망이었다. 도망 노예들은 북부나 캐나다로 가고자 했고, 일부 백인들이 '지하 철도'를 조직하여 이들을 도와주었다. 이외에도 일을 열심히 하지 않는 태업 등도 일상적인 저항의 모습이었다.

서부 영토가 확대될 때마다 남북 갈등은 그 모습을 드러냈다. 미주리 타협 이후 몇 차례 더 타협이 이루어지긴 했지만, 영토가 태평양까지 확대된 1850년대가 되면 더 이상 어떻게 해 볼 여지가 없게 되었다. 그리고 이런 정치적 위기는 정치권에만 한정된 것이 아니라, 교회나 학교 등 사회 전반에 이르렀다. 말 그대로 미국 사회가 둘로 나뉜 것이다.

이러한 가운데 노예제에 반대하는 공화당의 링컨(Abraham Lincoln, 1809~1865)이 1860년 대통령 선거에서 승리했다. 그러자 남부의 주들은 위기감을 느끼고 연방을 탈퇴하여 남부 연합을 결성했다. 일종의 반란을 일으킨 셈이었다. 하지만 링컨의 최대 관심사는 연방의 유지였지 노예제 폐지가 아니었다. 따라서 그는 노예제가 확대되지 않고 연방이 유지될 수 있다면 남부와 타협할 생각도 갖고 있었다. 그러나 분위기에 밀린 남부가 먼저 탈퇴와 전쟁이라는 초강수를 두었던 셈이다.

1861년 4월 남부 연합의 군대가 남부에 있는 연방의 섬터 요새를 공격함으로써 남북 간의 전쟁이 시작되었다. 전쟁이 시작된 후 2년 동안 양측은 일진일퇴를 거듭하였다. 인구나 산업 생산이라는 면에서는 북부가 우세했지만, 남부는 우수한 인력을 가지고 있었고, 어쨌든 노예제를 포함해 남부의 고유함을 지키려는 의지가 있었다. 하지만 전쟁이 장기화되면서 인구, 조직, 산업이 우세한 북군이 우위를 점하게 되었다. 1863년 7월 북군은 미시시피의 빅스버그를 점령했고, 펜실베이니아의 게티스버그 전투에서도 승리를 거두었다. 다음해 9월에는 조지아의 애틀랜타와 남부 최대 도시인 뉴올리언스도 점령했다. 드디어 1865년 4월 남군의 리(Robert Lee, 1807 ~1870) 장군이 항복했고, 이로써 전쟁이 끝났다.

노예제 폐지 문제 역시 전쟁 중에 해결의 실마리를 찾았다. 링컨은 남부의 힘을 약화시키기 위해 1862년 9월 '예비 노예 해방령'을 선포했다. 반란 지역의 모든 노예는 1863년 1월 1일부터 해방된다는 내용이었다. 하지만 반란을 일으킨 주라 할지라도 연방에 다시 돌아오면 노예를 해방시키지 않아도 되었다. 따라서 진짜로 노예가 해방된 것은 전쟁이 끝나고 난 뒤였다. 그렇지만 전쟁 도중에 해방된 남부의 흑인들은 연방 군에 입대하여, 노예제 폐지를 위해 싸웠다.

당연한 일이지만 전쟁이 끝나고 난 뒤에 연방을 탈퇴했던 남부를 어떻게 대할 것인가가 커다란 쟁점이 되었다. 공화당 내의 급진파는 이번 기회에 노예제를 폐지하는 것은 물론이 고 반란을 일으킨 만큼 백인들의 시민권 박탈, 부유한 백인 재산의 몰수 등을 주장했다. 또한 해방 노예들의 정착을 위해 해방 노예국을 만들어 이들에게 40에이커(16.18헥타르)의 땅 과 노새 한 마리씩을 분배하자는 계획을 세웠다.

하지만 연방의 통합을 우선시했던 링컨은 남부에 관대하 려 했다. 남부 연합에 협력했던 사람도 연방에 충성을 서약하 면 사면하려 했고, 노예제 폐지를 요구하지도 않았다. 링컨이 암살된 후 대통령이 된 앤드류 존슨(Andrew Johnson, 1808~ 1875)은 링컨보다 더 관대한 정책을 취했다.

이러한 갈등 속에서 남북 전쟁 이후의 재건은 타협적인 방 식으로 마무리되었다. 흑인 노예들은 연방 헌법 수정 조항[10]

---

10) 미국은 1787년에 연방 헌법을 제정한 이후 개헌을 하지 않고, 헌법을 바꾸거 나 보충할 필요가 있는 경우 수정 조항이라는 형태로 부가하였다. 1791년에 개 인의 권리를 보장하는 열 개의 수정 조항이 최초로 첨가되었다.

13조에 따른 노예제 폐지로 해방되었고, 수정 조항 14조를 통해 미국 시민으로서의 권리를 획득하였다. 하지만 해방 노예국이 추진하던 정착 계획은 좌절되었다. 그래서 해방되긴 했지만 흑인들은 주로 소작인으로서 어려운 삶을 살아가야 했다. 게다가 흑인을 열등한 존재로 보고 경멸했던 백인들은 교묘한 방식으로 이들을 괴롭혔다. 흑인들의 교회와 집에 불을 지르거나 린치를 가하는 조직인 큐 클럭스 클랜(Ku Klux Klan, KKK)가 활동하기 시작한 것도 이때였다. 더 나아가 군정이 끝난 이후 남부의 각 주들은 흑인들에게서 다시 참정권을 빼앗고, 차별하는 법을 시행하였다. 누구 말대로 흑인들은 '그저 자유만을 얻었을 뿐'이었다.

급속한 산업화는 어떻게 이루어졌을까?

남북 전쟁이 끝난 후 미국의 산업은 급속도로 발전하였다. 물론 이를 주도한 것은 전쟁에서 승리한 북부였다. 북부의 정치 세력이 주도하는 연방 정부는 종전 이후 영국이나 서유럽에 비해 뒤떨어진 산업을 발전시키고자 여러 가지 조치를 취하였다. 이러한 분위기에서 돈 버는 일이 최고라는 생각을 가진 사람들이 나타나 이러저러한 기업을 발전시켰다. 물론 빛이 있으면 그늘도 있는 법이라 노동자들은 낮은 임금과 가혹한 노동 조건에 시달렸고, 농민은 상인들의 농간에 제값을 받을 수 없어 힘들었다.

산업 혁명의 중추 가운데 하나는 국가를 불문하고 철도였고, 미국 역시 마찬가지였다. 1830년에 볼티모어 앤드 오하이오 회사가 철도를 놓아 미국에서도 기차를 볼 수 있게 되었다. 이를 시작으로 1830년대에 1700킬로미터에 가까운 철도가 부설되었다. 하지만 그리 긴 노선도 없었고, 주된 목적도 운하와 운하를 잇는 보조적인 것이었다. 그래도 이 시기에 철제 철로를 도입하고 기관차를 개량하는 등 중요한 발전이 일어났다.

'철도의 시대'가 도래한 것은 남북 전쟁 이후 대륙 횡단 철도가 건설되고 나서였다. 전쟁이 한창이던 1862년, 의회는 유니언 퍼시픽 회사와 센트럴 퍼시픽 회사의 설립을 인가하였다. 유니언 회사는 네브라스카의 오마하에서 서쪽으로, 센트럴 회사는 캘리포니아의 새크라멘토에서 동쪽으로 공사를 시작하였다. 당시 기술 수준으로 보았을 때 이 공사는 진짜로 힘든 일이었다. 가장 문제는 시에라네바다 산맥과 로키 산맥 지역을 통과하는 것이었다. 이 공사 도중에 수많은 사람이 죽거나 다쳤다. 또한 부족한 일손을 메우기 위해 중국인 노동자를 대거 데려오기도 했다. 어쨌거나 1869년 유타 주에서 두 노선이 만나면서 첫 번째 대륙 횡단 철도가 놓이게 되었다.

이후 세 개의 대륙 횡단 철도가 더 만들어졌다. 그뿐만 아니라 다른 여러 노선이 건설되어 1900년이 되면 철도의 총연장이 32만 킬로미터에 이르게 되었다. 이런 철도망의 건설 속에 철도 관련 산업이 발전한 것은 물론이다. 하지만 이보다 더 중요한 것은 전국을 하나의 시장으로 만들어 산업 전반이 발전할 수 있는 기초를 마련했다는 점이다.

남북 전쟁이 북부의 승리로 끝났기 때문에 그 이후의 사태는 사실 충분히 예측할 수 있는 것이었다. 이미 연방 의회는 전쟁 중이던 1861년에 모릴 관세법을 만들어 국내 산업을 보호하려는 의지를 밝혔다. 이렇게 관세를 통한 국내 산업의 육성은 이후에도 계속되었다.

더 나아가 정부는 기업에게 이러저러한 특혜를 베풀었다. 예컨대 철도 회사에게 막대한 국유지를 주었고, 보조금과 융자금도 아낌없이 주었다. 통화 수축 정책(Deflationary Policies)도 인플레이션을 억제하여 기업의 비용을 경감시켜 주었다. 그러나 이는 채무자인 농민들에게는 불리하게 작용했다.

이 시기에는 또한 현대 자본주의가 발전하는 데 중요한 대법원의 판결이 있었다. 헌법의 수정 조항 제14조를 기업에 유리하도록 해석한 '스미스 대 에임스 소송'(Smyth vs. Ames, 1898)이었다. 원래 해방 노예를 보호하기 위해 만들어진 제14조에 따르면 "어떠한 주도 정당한 절차 없이 어떤 사람으로부터 생명, 자유, 재산을 박탈할 수 없다." 그런데 이 판결을 통해 기업이나 회사도 '사람'에 포함되었던 것이다. 이를 통해 주식회사와 같은 법인도 자유로운 법적 주체로서 사업을 벌여 나갈 수 있게 되었다.

이렇게 정부와 법원은 기업의 자유로운 경제 활동을 뒷받침하기 위한 여러 조치를 취하는 '친기업가적 태도'를 취했다. 자유로운 시장 경제는 강력한 국가의 후원을 필요로 했던 셈이다.

급속한 산업화의 시기는 근면과 아이디어로 기업을 일군 영웅들의 시대이자 돈을 벌기 위해 무자비하게 남을 짓밟은 '강도 귀족'의 시대이기도 했다. 그런 대표적인 사람이 존 데이비슨 록펠러(John Davison Rockefeller, 1839~1937)였다. 남북 전쟁 때 군수품 사업으로 돈을 번 그는 당시로서는 새로운 사업인 석유 산업에 뛰어들어 1870년에 스탠더드 석유 회사를 세웠다. 그는 가격 인하를 무기로 무한 경쟁을 벌여 다른 회사들을 물리치고 정유업계에서 독점적인 지위를 차지했다.

그리고 이런 지위를 무기로 철도 회사들과 협상을 벌여 낮은 운임으로 석유를 운반할 수 있었다.

이렇게 독점을 통해 시장을 지배하려는 시도는 다른 분야에서도 나타났다. 매코믹 농기구 회사는 농업 기계 부문을, 아메리카 담배 회사와 아메리카 제당 회사는 각각 담배와 설탕 부문을 장악하였다. 철강업계에서는 '강철왕'이라 불리는 앤드류 카네기(Andrew Carnegie, 1835~1919)의 회사가 마찬가지 방식으로 시장을 지배했다. 그리고 당시의 가장 중요한 산업이었던 철도도 마찬가지였다. 미국 철도의 3분의 2를 몇 개 회사가 나누어 가졌던 것이다.

이처럼 이 시기는 독점과 통합의 시기였다. 시장 경쟁에서 이기기 위해 일부 기업가들은 트러스트나 지주 회사[11] 같은 방법을 통해 독점적 지위를 만들었고, 이를 통해 경쟁자들을 무자비하게 무너뜨렸다. 그런 그들이기에 마크 트웨인(Mark Twain, 1835~1910)은 '강도 귀족(Robber Baron)'이라는 별명을 붙였던 것이다.

---

11) 트러스트는 독점의 한 형태로 여러 개의 회사가 의결권을 소수에게 위탁하는 방식으로 이루어진다. 지주 회사는 다른 회사의 지분을 보유함으로써 그 회사를 독점적으로 지배하는 회사를 가리킨다. 지배하는 회사를 모회사, 지배받는 회사를 자회사라고 한다.

그런데 정부가 아무리 후원하고, 영리하고 야심 많은 기업가들이 활약했다 하더라도 노동자가 없었다면 산업이 발전할 수 있었을까? 더 정확하게 말하면 자원과 돈, 사람이 잘 어우러져야 산업 자본주의가 발전하는 법이다.

급속한 산업화로 이 시기에는 노동자의 수가 엄청나게 늘어났다. 미국 내 농촌 지역에서, 그리고 전 세계에서 일자리를 찾아 수천만 명의 사람들이 미국의 산업 지대로 왔다. 분명 이들은 고향에서보다 더 나은 삶을 누릴 가능성이 많았다. 실지로 노동자들의 평균적인 생활 수준은 남북 전쟁 이후 조금씩이나마 높아졌다. 하지만 다수의 노동자들은 여전히 낮은 임금을 받으며 힘들게 살아갔다. 그나마 경기라도 나빠지면 일자리마저 잃게 되었다. 또한 노동 시간이 적지 않아 공장 노동자들은 하루 열 시간 이상, 일주일에 6일을 일했고, 산업 재해도 빈번할 정도로 작업 환경도 나빴다.

따라서 더 많은 임금을 받고, 노동 조건을 개선하려는 노동자들의 저항이 노동조합 운동으로 나타난 것은 너무나 당연한 일이었다. 1866년 주물공인 윌리엄 실비스(William Sylvis, 1828~1869)가 전국 노동자 연합을 만들었고, 3년 뒤에는 재단사인 유리아 스티븐스(Uriah Stephens, 1821~1882)가 만든 노동 기사단이 나타났다. 특히 노동 기사단은 인종, 성, 숙련 정도와 상관없이 누구나 가입할 수 있었다. 이들은 일일 여덟 시간 노동제, 미성년자 노동 금지, 소득세 실시, 국립 은행 폐지 등을 요구 사항으로 내걸었다.

이렇게 노동 운동이 확대되면서 노동자와 기업가, 정부 사이의 충돌도 여러 차례 나타났다. 대표적인 사건은 1886년에 시카고에서 일어난 '헤이마켓(Haymarket) 사건'이었다. 헤이마켓 광장에서 여덟 시간 노동제를 요구하는 시위대를 향해 경찰이 발포하였던 것이다. 정부는 시위를 주동했다는 명목으로 네 명의 무정부주의자를 처형하였다. 이외에 1892년에는 피츠버그 근교의 홈스테드 제철소에서 임금 삭감에 항의하는 노동자들의 파업이 일어났고, 2년 뒤에는 풀먼 객차 회사의 노동자들이 같은 이유로 파업을 벌였다. 두 파업 모두 정부의 지원을 등에 업은 회사의 승리로 끝났지만, '노동 문제'가 주요한 사회적 문제라는 인식을 심어 주기에는 충분했다.

산업화 시대의 희생자 가운데에는 농민도 있었다. 남북 전쟁 전후로 경작지가 넓어지고, 수송 수단이 발전하면서 이제 미국의 농업은 주로 시장을 위한 생산에 몰두하였다. 그런데 이렇게 농업이 상업화되면서 농민들은 여러 가지 문제에 직면했다. 하나는 공산물 가격은 계속해서 오르는 데 비해 농산물 가격이 지속해서 떨어졌다는 것이다. 다음으로 철도 회사나 중간 상인들이 이윤을 많이 챙기면서 농민에게 돌아오는 몫은 거의 없었다는 점을 들 수 있다. 끝으로 엎친 데 덮친 격으로 농민들은 많은 채무에 시달리고 있었다.

그래서 농민들은 1867년에 공제 조합을 만들어 독점 폐지와 개혁을 요구하기 시작하였다. 우선 이들은 철도 회사나 중간 상인의 횡포에 대해 정부가 간섭해 줄 것을 요구했다. 그리고 농산물 가격 하락을 막고 채무 변제를 위해 통화량을 늘릴 것을 주장했다.

하지만 정부의 시장 경제 개입이 위헌이라는 대법원의 판결과 함께 정부가 통화량을 늘리는 조치도 취하지 않았기 때문에 농민의 사정은 더욱 나빠졌다. 이에 농민들은 농민 동맹과 인민당을 만들어 맞섰다. 특히 인민당은 농민의 요구를 직접 정치적으로 표현하려는 시도였다. 이들은 은화의 무제한 주조, 철도 등 주요 산업의 국유화, 부재 지주의 금지, 누진 소득세 도입을 주장했다.

이렇게 인민당으로 결집한 농민 세력은 1896년 대통령 선거에서 민주당과 연합하여 윌리엄 제닝스 브라이언(William Jennings Bryan, 1860~1925)을 후보로 내세워 공화당의 윌리엄 맥킨리(William McKinley, 1843~1901)와 맞섰다. 그 덕에 선거는 그동안 진행된 산업화 과정에서 이득을 본 세력과 손해를 본 세력의 결전장처럼 되어 버렸다. 선거전에서 브라이언을 많은 인기를 얻긴 했지만 동북부의 보수 세력이 총단결한 공화당에 패배하고 말았다. 이런 브라이언의 패배는 농민의 패배이기도 했다.

노동 기사단 강령

최근 들어 진전되고 있는 놀랄 만한 부의 축적과 그로 인한 폐해는, 저지하지 않으면 노동 대중의 빈곤과 참상을 초래할 것이다. 만일 우리가 생명의 축복을 향유하고자 한다면, 부자의 세력과 부당한 축적을 저지하고, 노동자들에게 그들의 노동의 대가를 보장해 주는 제도적 장치를 마련해야 한다. 이 바람직한 목표는 모든 노동 대중의 단결과 "너희가 흘린 땀의 대가로 너희는 빵을 얻을 것이다."라는 말씀에 복종하는 자들의 단합된 노력을 통해서만 달성될 수 있다.

─1878년 1월 1일

이민의 물결이 일어난 이유는 무엇일까?

남북 전쟁 이후 급속한 산업화로 미국은 많은 일손이 필요했다. 일손이 부족하기는 언제나 마찬가지였지만, 19세기 후반에 특히 그러했던 것이다. 그래서 이 시기에는 유럽의 여러 지역뿐 아니라 아시아에서도 이민자가 몰려들었다. 그렇게 된 이유는 당연하게도 자기 고향에서 살기 힘들었기 때문이다. 어쨌든 1880년에서 1920년 사이에 2400만의 사람들이 대서양과 태평양을 건너 미국으로 왔고, 이것이 두 번째 이민의 물결을 이루었다.

초기에 북아메리카 대륙에 식민지를 만드는 데 앞장섰던 사람들은 영국인을 비롯한 북서유럽이었고, 19세기 중반에 쏟아져 들어온 이민자는 아일랜드 인과 독일인이었다. 이에 반해 19세기 말에서 20세기 초에 대거 미국으로 들어온 사람들은 남유럽과 동유럽 출신이었다. 북서유럽에 비해 낙후된 지역이었던 이곳 사람들은 미국의 산업화와 맞물려 고향을 떠났다.

그 가운데 대표적인 사람들이 이탈리아 인들이었다. 고대 로마 제국의 영광을 간직하고 있는 땅이긴 했지만, 19세기 이탈리아는 이제 막 나라를 만든 후진적인 곳이었다. 그나마 산업이 조금은 발전했던 북부에 비해 특히 남부가 그러했다. 그래서 남부 농촌 출신들이 미국으로 일자리를 찾아 떠났던 것이다. 1880년 1만 명이 미국에 도착한 이래 1890년에는 한 해에 5만 명, 1900년에는 10만 명의 이탈리아 인이 대서양을 건넜고, 가장 많았던 20세기 초에는 한 해에 25만 명이 미국으로 들어오기도 했다.

이렇게 미국에 들어온 이탈리아 이민자들의 많은 수가 단순노동에 종사했다. 이들은 공장의 단순노동자로, 광산의 광부로, 건설 현장의 막일꾼으로 일했다. 뉴욕 같은 대도시에서는 많은 수가 넝마주이 일을 하기도 했다.

이런 이탈리아 인이 다른 이민자들과 다른 점은 미국 사회에 정착하기보다는 일정 시간이 지난 다음 고향으로 돌아갔다는 데 있다. 이는 이탈리아 인들의 가족적 유대가 유달리 강했기 때문이다. 오랫동안 국가를 형성하지 못했고, 그 사이에 여러 나라의 침입을 받았던 이탈리아 인들로서는 가족이 삶의 중요한 근거였다. 그래서 이 시기에 일자리를 찾아 유럽 다른 지역으로 갔던 이탈리아 인의 90퍼센트가 고향으로 돌아왔다. 이런 모습은 미국으로 갔던 이탈리아 인도 마찬가지였다. 이런 특징 때문에 이탈리아 이민자들은 미국 사회에서 자리 잡는 데 오랜 시간이 필요할 것이었다.

이탈리아 인 이외에도 동유럽의 폴란드, 러시아, 그리스 등지에서 이민자가 대거 몰려왔다. 이들은 이탈리아 이민자와 마찬가지로 동북부 지방의 공장에서 낮은 임금을 받으며 일했고, 광산에서도 주요한 일손이 되었다. 이런 과정을 통해 미국 사회 내의 '민족별 사다리'가 만들어지기 시작했고, 이에 따른 인종적, 민족적 갈등도 나타났다. 서서히 미국은 '인종의 도가니'가 되어 가고 있었던 것이다.

서기 70년 로마 제국이 팔레스타인 땅을 정복하면서 유대인들은 고향을 떠날 운명에 처하게 되었다. 이렇게 시작된 디아스포라(이산)는 2000년 이상 계속되었다. 더구나 로마가 기독교를 받아들이고, 이후 유럽이 기독교 세계가 됨으로써 유대인은 고립되고 박해받는 민족이 되었다.

이런 유대인 가운데 아메리카에 가장 먼저 온 사람들은 에스파냐와 포르투갈에 살던 세퍼딕 유대인이었다. 많은 수는 아니지만 이들은 식민지 시기에 들어왔다. 하지만 유대인 이민자가 대규모로 미국에 온 것은 19세기 말과 20세기 초였다. 이때 들어온 유대인은 러시아, 폴란드, 기타 동유럽 출신이었다. 제국주의 시대이자 동유럽에도 민족주의의 바람이 불던 이 당시에 이들은 여전히 박해받는 사람들이었고, 그래서 많은 이들이 미국으로 향했던 것이다. 1880년대에 20만, 1890년대에는 30만이 이주했고, 결국 동유럽에 살던 유대인 가운데 3분의 1이 미국으로 이주하였다.

이 시기의 다른 이민자들과 마찬가지로 유대인들도 육체노동에 종사했다. 숙련 기술이 있는 사람부터 별 기술이 없는 사람까지 유대인들은 매일 새벽 인력 시장에서 일자리를 찾아야 했다. 특히 유대인이 많이 일한 곳은 뉴욕과 같은 곳의 봉제 공장이었다. 원래 유대인들은 동유럽 등지에서도 의류 산업에 많이 종사했는데, 때마침 기성복 시장이 커지면서 미국에서도 이런 곳에서 일하게 되었던 것이다. 하지만 이들 공장의 작업 조건은 너무 나빠 '스웨트샵(Sweatshop)', 즉 땀을 많이 흘리는 작업장이라고 불릴 정도였다.

이렇게 이민 초기의 상황은 비슷했지만, 이후 세대의 유대인들은 아주 빠르게 사회적 성공을 거두었다. 아마 그 이유는 유대인 고유의 문화 및 생활 방식과 어느 정도 관련이 있을 것이다. 청결과 위생에 대한 강조라든가 알코올 중독이 없는 생활 방식, 특히 교육열은 이후 세대가 미국 사회에서 자리 잡는 데 중요한 역할을 했다. 그래서 세기 전환기에 의사나 약사 등 전문직에 종사하는 유대인 수는 배 이상 늘어났고, 화이트칼라의 숫자는 그 이상 늘었다. 더구나 육체노동으로 이민 생활을 시작했던 유대인 가운데 계속 육체노동에 종사하는 사람의 숫자는 절반 이상으로 줄었다. 이런 변화는 대체로 보아 다른 민족 집단에 비해 두 배가 넘는 것이었다.

19세기 중후반에는 유럽 인들과 마찬가지로 이러저러한 이유에서 미국으로 이주한 여러 아시아 인들이 있었다. 중국,

한국, 인도와 같이 직간접적으로 제국주의의 지배를 받던 곳에서는 민족적 억압과 전통 사회의 빈곤을 피해, 일본과 같이 메이지 유신 이후 근대화를 추구하던 나라에서는 서구 문물을 배우면서도 새로운 기회를 찾아 많은 사람들이 미국으로 향했다.

대표적인 아시아계 이민자인 중국인들이 본격적으로 미국에 오게 된 것은 캘리포니아에서 금이 발견된 이후였다. 1849년에 345명의 중국인이 도착한 이래 점차 그 수가 늘어 1852년에는 2만 명이, 1870년에는 6만 명 이상의 중국인이 미국 땅을 밟았고, 그중 4분의 3 이상이 캘리포니아에 정착했다.

중국인 이민자들은 주로 금광에 일하러 왔기 때문에, 골드러시가 끝난 뒤에도 다른 광산에서 일하는 경우가 많았다. 이외의 중요한 일자리는 대륙 횡단 철도 공사였다. 1865년에 센트럴 퍼시픽 회사가 50명의 중국인 노동자를 고용했고, 그 숫자는 2년 만에 1만 명을 넘어섰다.

이렇게 광산이나 철도 공사장 등 힘든 일에 종사했기 때문에 중국인들은 처음에는 환영받는 사람들이었다. 하지만 낮은 임금도 마다 않고 일했기 때문에 백인 노동자들이 보기에 이들은 자신들의 일자리를 빼앗아 가는 사람들이었다. 중국인들의 숫자가 점차 늘어나면서 이들을 배척하는 분위기가 퍼졌다. 이런 분위기 속에서 1882년 향후 10년간 중국인이 들어오는 것을 막는 중국인 이민 금지법이 만들어졌다.

일본인들은 메이지 유신 이후 서양 문물을 배우기 위한 학생으로 미국에 오기 시작하였고, 나중에는 중국인들과 마찬가지로 노동자로서 미국 땅을 밟았다. 한국인의 경우에는 1890년대에 하와이에 들어온 것이 미국 이민의 시초였다. 인도인은 1871년에서 1899년 사이에 500명이 미국에 들어왔다는 기록이 있다. 그리고 1900년 인구 조사에는 2050명의 인도인이 있는 것으로 나타났다.

중국인 이민 금지법

중국인 노동자의 도래가 미국 내의 한 지역의 안녕 질서를 위태롭게 한다는 미국 정부의 입장에서.(……)

제1조 이 법이 통과된 후 90일부터 향후 10년간 미국으로 중국인 노동자들이 들어오는 것은 중지된다. 이 중지 기간 동안 중국인 노동자가 미국에 오는 것이나 체류하는 것은 위법이다.

제14조 금후(今後), 주 법원이나 연방 법원은 중국인에게 시민권을 허용하지 않는다. 그리고 이 법과 상충되는 모든 법은 폐지된다.

— 1882년 5월 6일

4

미국이 세계로
나아간 이유는 무엇일까?

– 미국이 제1차 세계 대전에 참전한 이유는 무엇일까?

– 대공황은 왜 일어났을까?

– 냉전은 어떻게 시작되었을까?

미국이 제1차 세계 대전에 참전한 이유는 무엇일까?

미국이 산업화를 이룬 19세기 말은 제국주의의 시대이기도 했다. 영국, 프랑스, 독일 등 유럽 열강은 앞다퉈 해외로 몰려가 영토를 빼앗고 식민지를 만들었다. 그들에게 식민지는 산업 원료를 얻는 동시에 물건을 팔 수 있는 시장이기도 했다. 이런 제국주의적 경쟁은 불가피하게 정치적, 군사적 갈등과 충돌을 낳았고, 이는 제1차 세계 대전이라는 미증유의 사건을 불러일으켰다. 1914년 8월 유럽 대륙에서 전쟁이 일어나자 미국은 지체 없이 중립을 선언했다. 많은 미국 시민들이 구대륙에서 일어난 전쟁에 미국이 개입할 필요가 없다는 태도를 보였기 때문이다. 물론 당시 대통령인 우드로 윌슨(Woodrow

Wilson, 1856~1924)이 가진 이상주의적 태도도 거기에 한몫했다. 하지만 그렇다고 해서 미국이 유럽 정세나 제국주의적 팽창에 관심에 가지지 않았던 것은 아니다. 미국도 이미 카리브 해와 중남미에 대해 영향력을 행사하고 있었고, 아시아 쪽으로도 침략의 손길을 뻗치고 있는 제국주의 국가였다. 어떤 것이 자국에 가장 이익이 되느냐에 따라 행동했고, 결국 전쟁 말기에 연합군의 일원으로 참전하게 된다. 그리고 이 전쟁을 통해 미국은 새로이 강대국의 일원으로 국제 무대에 등장하게 되었다.

미국이 본격적으로 제국주의적 팽창에 나선 것은 1898년에 에스파냐와 전쟁을 벌이면서부터였다. 1893년 쿠바 인들은 종주국인 에스파냐의 지배에서 벗어나고자 반란을 일으켰다. 그러자 미국 내에서는 여기에 개입해야 한다는 여론이 들끓었다. 결국 1898년 1월 매킨리(William McKinley, 1843~1901) 대통령은 전함 메인 호를 쿠바의 아바나 항으로 파견하였다. 그런데 메인 호가 알 수 없는 이유로 폭파되자 전쟁을 요구하는 목소리가 높아졌다.

그해 3월 미국은 에스파냐에 쿠바의 독립을 요구한다. 그러나 에스파냐가 이를 거부하자 미국 의회는 무력 사용을 허용하는 결의안을 채택하였다. 하지만 군사 작전은 이미 진행 중이었다. 당시 해군 차관 시오도어 루즈벨트(Theodore Roosevelt, 1858~1919)는 중국에 있는 미국 함대에게 전쟁이 발발할 경우 필리핀에 있는 에스파냐 함대를 공격하라는 명령을 내렸던 것이다. 미국 함대는 의회 결의안이 통과된 지 이 주일 만에 마닐라 만에 있던 에스파냐 함대를 격파하였다.

한편 전쟁의 주무대인 쿠바에서도 미국은 손쉬운 승리를 거두었다. 그것은 미군이 우수해서가 아니라 사실 에스파냐 군대의 무능력과 사기 저하 때문이었다. 덕분에 미군은 큰 손실 없이 산티아고를 손에 넣었고, 그와 동시에 푸에르토리코도 점령하였다. 당시 국무 장관이던 존 헤이(John Hay, 1838~1905)가 이 전쟁을 "눈부신 작은 전쟁"이라고 부른 것은 이 때문이었다.

전쟁을 끝낸 미국과 에스파냐는 파리에서 조약을 맺었는데, 그중 가장 핵심적인 내용은 쿠바의 독립이었다. 이외에 에스파냐는 푸에르토리코와 괌을 미국에 양도하였고, 필리핀에 미군이 주둔하는 것도 용인하였다.

당시 유럽 열강은 한때 아시아의 대국이었던 중국을 나누어 먹으려 하고 있었다. 이는 아직 중국에 별다른 영향력을 행사하지 못하던 미국으로서는 달가운 일이 아니었다. 그래서 미국은 중국의 분할에 반대하고, 대신 '문호 개방 정책'을 선포했다. 중국에 대해 모든 나라가 동등한 권리를 가지고 있다는 뜻이었다. 이런 방식으로 미국은 아시아에서 제국주의 경쟁에 뛰어들 수 있었다. 부수적인 효과로 중국은 식민지로 떨어지지 않고, 형식적이나마 영토를 보존하고 독립을 유지할 수 있었다.

한편 라틴 아메리카에서 미국은 유럽의 다른 나라들을 배제하고 우월한 권리를 주장하였다. 그중 하나가 바로 1902년에 프랑스 회사로부터 파나마 운하 건설권을 사들인 일이었다. 이후 이 지역에서 콜롬비아 정부에 대한 반란이 일어나자 이를 도와 영향력을 확보하였다.

라틴 아메리카의 지배권을 주장한 미국은 독일과 영국이 차관 상환 문제로 베네수엘라에서 군사 작전을 벌이자 베네수엘라를 후원하였다. 또한 니카라과에 대해서는 친미 정권을 세우기 위해 군대를 파견하는 일도 서슴지 않았다.

이런 미국은 라틴 아메리카에 차관을 많이 주는 방식으로 지배를 유지하려는 '달러 외교'를 펼쳤다. 이곳 나라들이 돈을 많이 빌리면 이곳에 투자된 자본을 보호해야 할 필요와 명분이 생길 수 있었기 때문이다.

1914년 6월 오스트리아와 헝가리 제국의 왕위 계승자인 페르디난트(Franz Ferdinand, 1863~1914) 대공이 사라예보에서 세르비아 민족주의자에게 암살당하면서 유럽 대륙은 대전쟁의 소용돌이에 휘말려 들게 되었다. 물론 이 전쟁의 진짜 원인은 영국과 독일의 경쟁을 중심으로 하는 유럽 열강의 대립과 긴장 상태였다.

전쟁이 일어나자 앞서 말한 것처럼 미국은 중립을 선포하였지만, 사실 정서적으로나 문화적으로 영국에 더 호의적일 수밖에 없었다. 하지만 그보다는 최대 무역 상대국인 영국을 비롯한 연합국과 계속 교역하는 것이 더 중요했다. 그 결과 미국은 연합국의 군수창이 되었고, 중립은 편파적인 것이 되어 버렸다.

상황이 이렇게 흘러가자 독일은 막강한 해군력을 가진 영국에 맞서기 위해 '무제한 잠수함 작전'을 폈다. 이는 영국 근해를 전투 구역으로 삼아 영국에 물자를 보급하는 모든 선박을 잠수함으로 공격하는 작전이었다. 그 결과 1915년 5월 영국 국적의 여객선 루시타니아(Lusitania) 호가 격침되어 1000명 이상이 사망했는데, 그 가운데는 미국인 100여 명도 포함되어 있었다. 그리고 다음 해 초에는 프랑스 국적의 서식스(Sussex) 호가 격침되었고, 이번에도 일부 미국인이 사망하였다. 이런 일련의 사건들로 독일에 대한 미국인들의 여론이 더욱 나빠지게 되었다.

하지만 미국을 전쟁으로 몰고간 것은 이런 사건 때문만이 아니었다. 상공업자와 금융가들은 전쟁을 통해 경제가 부흥할 것이라고 보고 참전과 군비 확장을 주장했던 것이다. 이런 그들에게 무제한 잠수함 작전은 좋은 핑계거리였다. 그래서 윌슨은 겉으로는 평화를 주장하면서도 군부의 전쟁 준비를 승인하였다. 하지만 여전히 전쟁을 위한 명분도 중요했다. 그것이 바로 민주주의를 위한 전쟁, 즉 새로운 세계 질서를 세우기 위해 참전한다는 것이었다.

이렇게 참전의 분위기가 무르익어 갈 때인 1917년 2월 '침머만 전보' 사건이 터졌다. 독일 외무 장관인 침머만(Arthur Zimmermann, 1864~1940)이 멕시코 정부에 비밀 전문을 보내 미국이 참전할 경우 독일과 손잡자는 제안을 했는데, 이것이 폭로된 것이다. 이 사건을 통해 참전 쪽으로 여론이 돌아섰고, 걸림돌이 없어지게 되었다. 그해 4월 미국은 세계 대전에 참전하였다. 미국은 처음에는 바다에서 그리고 그다음 해에는 지상에서도 중요한 기여를 하였다. 결국 전쟁은 1918년 11월 연합국의 승리로 끝났다.

전쟁이 끝나갈 기미가 보인 1918년 초 윌슨은 전후 세계 질서의 기본 원칙이 될 열네 개 조항을 발표하였다. 이는 크게 보아 세 가지 내용을 담고 있는데, 하나는 민족 자결권이었고, 다른 하나는 해양의 자유, 자유 무역, 군비 축소 등 새로운 국제 질서의 원칙이었으며, 마지막 하나는 국제 연맹의 창설이었다.

하지만 파리 평화 회의는 그의 기대대로 진행되지 않았다. 각국의 이해관계가 너무 복잡했을 뿐만 아니라 독일에 대한 처리 문제에서 프랑스가 매우 강경한 태도를 보였다. 결국 윌슨의 구상과는 달리 독일 서쪽 영토인 라인 지방을 연합군이 15년간 점령하게 되었고, 막대한 배상금까지 독일에 부과되었다.

윌슨으로서 다행인 것은 국제 분쟁을 처리하는 기구인 국제 연맹을 만들 수 있었다는 것이다. 문제는 베르사유 조약에 대한 국내의 반대였다. 예컨대 혁신주의자들은 베르사유 조약이 평화의 원칙을 구현하지 못한다고 비판했고, 공화당의 고립주의자들은 미국이 국제 연맹에 가입하는 문제 때문에 베르사유 조약을 비난했다. 이들은 미국이 국제 연맹에 가입할 경우 자동적으로 유럽의 분쟁에 개입하는 사태가 벌어지는 것을 두려워하였다. 결국 상원은 베르사유 조약의 비준을 부결하였다.

대공황은 왜 일어났을까?

1929년 10월 주가 폭락과 함께 대공황이라 부르게 될 경제 침체가 미국에서 시작되어 전 세계로 퍼졌다. 이로 인해 수많은 은행과 기업이 도산했고, 거리는 실업자로 넘쳐났다. 이에 대응하기 위해 각국 정부가 보호 무역 정책으로 돌아서 국제 무역이 붕괴하고, 불신과 대결이 그 자리를 대신했다. 게다가 대중의 불만을 등에 업은 파시즘이 이탈리아와 독일에서 발흥했다. 이는 호전적인 민족주의와 결합하여 전 세계를 다시 한 번 전쟁으로 몰아갔다. 그런데 이렇게 엄청난 사태를 낳은 대공황은 바로 1920년대의 호황 속에서 잉태되고 있었다.

전쟁 직후 잠시 불황이 찾아오긴 했지만 1920년대는 경제적 번영과 팽창의 시기였다. 이러한 번영이 이루어진 것은 주로 기술 혁신과 생산 조직의 변화 때문이었다. 대표적인 것이 자동차 산업이었다. 세기 전환기에 자동차는 '부자들의 장난감'에 불과했다. 하지만 1913년 헨리 포드(Henry Ford, 1863~1947)가 이동식 조립 라인[12]을 도입하여 대량 생산의 기틀이 마련되면서 자동차 산업은 20세기의 가장 중요한 산업이 되었다. 더구나 자동차 산업은 철, 고무, 유리, 정유 등 관련 산업의 발전을 자극했으며, 도로 건설과 교외 주택 건설 등도 번성하게 만들었다.

기술과 조직의 변화만큼이나 중요했던 것이 연방 정부의 정책이었다. 1920년 선거에서 승리한 공화당의 캘빈 쿨리지(Calvin Coolidge, 1872~1933)는 기업에 유리한 정책을 펼

---

12) 노동자가 생산물 사이를 옮겨 다니면서 작업하는 게 아니라 컨베이어 벨트를 통해 생산물이 움직이고, 노동자는 정해진 자리에서 한두 가지 조립 작업만을 하는 생산 방식을 말한다.

쳤다. 대기업가이자 재무 장관이었던 앤드류 멜론(Andrew Mellon, 1855~1937)은 소득과 상속에 대한 세율을 낮추기 위한 노력을 벌여 이를 거의 절반 정도로 줄였다. 그리고 줄어든 세수만큼 연방 예산을 삭감하는 방식으로 재정을 유지하려 하였다. 이 과정에서 공정 거래를 감시하는 연방 통상 위원회와 독점 행위를 감시하는 법무부 트러스트 국이 사실상 문을 닫았고, 기업에 대한 다른 규제도 힘을 잃었다.

이렇게 기업이 주도한 경제 번영이 이루어지긴 했지만, 그 혜택이 모두에게 골고루 돌아간 것은 아니었다. 특히 농민들의 생활이 어려웠다. 농산물 가격에 비해 공산물 가격이 비쌌고, 외국의 값싼 농산물과 힘겹게 경쟁해야 했다. 그래서 농민들은 연방 정부의 지원을 요청했지만 친기업적 자유방임주의자인 쿨리지는 이를 거부했다.

노동자들의 지위도 낮아졌다. 대량 생산 방식이 도입되면서 자동차, 화학, 전기 같은 부문에 반숙련 노동자가 늘어났는데, 이들은 아직 노동조합을 제대로 결성하지 못했다. 더구나 러시아 혁명을 거치면서 '적색 공포'의 바람이 불어 노동조합을 불온한 것으로 바라보기까지 했다. 물론 기업가들은 노동자들의 불만을 달래기 위해 복지 제도를 도입하고, 주식을 배당하는 등의 정책을 쓰긴 했다. 하지만 이런 식의 기업 복지는 경제가 어려워질 때면 언제든지 없어질 수 있는 것이었고, 대공황기에 실제로 그러했다.

분명 1929년에 미국인의 3분의 2가 '최소한의 안락한 수준'을 누리지 못한 것은 사실이지만, 1920년대 사회 분위기는 경제 팽창에 따라 흥청망청했다. 이에 따라 재즈, 영화, 프로 스포츠 등 대중문화가 번성했고, 자동차를 비롯한 소비재 수요가 날로 커졌다. 게다가 경제가 계속 팽창할 것으로 믿는 많은 사람들이 주식 투자에 열중했다. 한마디로 경제적 거품의 시대였다.

그런데 1929년 가을 이 거품이 갑자기 꺼져 버렸다. 가을 들어 주가가 엄청나게 떨어지기 시작했고, 10월 21일과 22일에는 주식 시장이 붕괴할 정도로 폭락하였다. J. P. 모건(Morgan, 1837~1913) 등 큰손들이 주식 시장을 살리기 위해 노력한 덕분인지 며칠 사이에 주가가 회복되긴 했지만, 그다음 주인 10월 29일의 '검은 화요일'에 주식 시장은 완전히 무너지고 말았다. 산업 지수가 절반 이하로 떨어졌고, 많은 회사의 주식이 종잇조각이 되고 말았다. 뉴욕의 주식 시장에서 대공황이 시작되고 있었다.

이처럼 주식 시장의 붕괴가 대공황의 시작이긴 하지만 공황의 씨앗은 그 이전의 번영 속에서 싹트고 있었다. 대공황은 소비력에 비해 생산량이 너무 많았던 데서 그 비극이 시작되었다. 이는 생산은 늘어나는데 대중의 소비력이 늘지 않았다는 뜻이다. 다시 말해 노동자들의 임금은 이 시기에도 별로 오르지 않았고, 농민들은 농민들대로 낮은 농산물 가격 때문에 이윤을 거의 얻을 수 없었다.

이런 상황에서 다른 투자처를 발견하지 못한 돈이 몰린 곳이 주식 시장이었다. 그러니 주식 시장이 과대평가되는 것은 당연한 수순이었다. 여기에 더해 농민들의 악성 부채 역시 문제였다. 당시 미국 농민들은 은행 빚이 많았는데, 낮은 농산물 가격 때문에 그 빚을 제대로 갚을 수 없었던 것이다. 그러자 농민에게 대부한 작은 은행들이 자금 압박으로 도산했고, 연쇄적으로 큰 은행도 어려운 처지에 빠지게 되었다. 이처럼 미국의 금융 산업은 대공황 직전, 매우 취약한 상태에 놓여 있었다.

세계 경제도 튼튼하지 못한 것은 마찬가지였다. 1920년대 후반 유럽 경제가 어려워지면서 미국 상품은 유럽 시장에서 잘 팔리지 않았다. 여기에 더해 제1차 세계 대전 중 많은 유럽 나라가 미국에 빚을 지고 있었다. 전쟁이 끝난 후에도 유럽 나라들은 빚을 갚을 처지가 아니어서 다시 미국 은행에서 돈을 빌려 빚을 갚을 수밖에 없었다. 하지만 1920년대 후반 미국 경제가 어려워지면서 돈을 빌리기가 힘들어졌고, 대공황이 일어나자 이미 빌린 돈까지 갚으라는 독촉을 받게 되었다. 이렇게 뉴욕에서 시작한 불황은 전 세계를 대공황의 수렁으로 몰아넣었다.

대공황이 시작되었을 당시 미국 대통령인 허버트 후버(Herbert Hoover, 1874~1964)는 자유방임주의자로 별다른 조치를 취하지 않았다. 그러다 날이 갈수록 사태가 심각해지자 연방 정부가 기업에 돈을 빌려 주는 등 몇 가지 조치를 취하긴 했다. 하지만 1932년에 들어서자 경제 상황은 더욱 심각해졌다. 실업률이 25퍼센트까지 치솟아 수백만 명의 실업자가 일자리를 찾아 떠돌아다녔다. 대도시에서는 집을 잃고 밥을 굶는 사람들을 위한 구호소가 들어섰다. 농민들도 상황이 어렵기는 마찬가지였다. 생산은 느는데 팔리지는 않아 농산물 가격은 계속 떨어졌다. 농촌에는 곡식과 가축이 쌓여 있어도 도시는 굶주리는 기현상이 나타났다.

이런 절망과 분노 속에서 1932년 대통령 선거가 벌어졌고 민주당의 혁신주의자인 프랭클린 루스벨트(Delano Franklin Roosevelt, 1882~1945)가 당선되었다. 대통령이 된 루스벨트는 '뉴딜(New Deal)'이라고 불리는 새로운 정책을 펼쳤다. 우선 루스벨트 행정부는 엉망이 된 경제 체제를 움직이기 위한 경기 회복 정책을 폈고, 다음으로 실업자에 대한 구호 정책을 폈다. 그리고 이보다 더 중요하게는 대공황을 가져온 근본 원인을 치유하기 위한 개혁 정책을 추진했는데, 그 기본 방향은 정부의 적극적인 개입이었다.

우선 신용을 회복하기 위해 긴급 은행법을 통해 금융 체제를 재정비했고, 농업 조정법을 통해 농산물 생산량을 조절하였다. 또한 실업자에게 일자리를 주기 위해 정부는 대규모 공공사업을 벌였다. 그 대표적인 예가 테네시 강에 댐과 발전소를 건설한 것이었다. 다음으로 산업의 과잉 생산과 지나친 경쟁을 규제하여 경제를 활성화하기 위해 전국 산업 부흥법을 만들었다. 이것은 기업가의 협력과 노동자의 협조를 필요로 하는 일이었기 때문에 노동조합을 인정하는 결과를 낳았다.

루스벨트가 취임 초기에 취한 정책들이 어느 정도 성공을 거둔 것은 사실이다. 하지만 대공황은 여전했고, 보수 세력은 뉴딜이 소련식 사회주의 정책이라고 비난했다. 물론 그 반대편에는 뉴딜이 좀 더 적극적으로 부의 재분배를 도입하지 않았다고 비판하는 급진주의자도 있었다. 이런 상황에서 1935년 이후 대법원이 뉴딜 관련 법들을 위헌으로 무효화하는 판결을 내렸다. 뉴딜 정책이 위기를 맞이하게 된 것이다.

그러자 루스벨트는 방향을 바꾸어 노동자들이 경제적, 사회적으로 적극적인 발언을 하게 하였다. 그 결과가 전국 노사 관계법이며, 이를 통해 노동조합이 완전한 시민권을 가지게 되었다. 다음으로 1935년에 루스벨트 행정부는 복지 국가의 기초가 되는 사회 보장법을 도입했다. 이는 노동자에게 노후 보험과 실업 보험의 혜택을 주는 것으로 부의 재분배 효과를 가져왔다. 또한 행정부는 정부 예산을 이용해 경기를 활성화하고자 했다. 불경기에 민간 부문을 대신해 공공 지출을 늘려 경기를 자극한다는 의도였다. 이럴 경우 불가피하게 정부 적자가 발생하지만, 이 적자는 장기적으로 보아 경제 활성화에 따른 세입 증가로 보전할 수 있다는 논리였다.

이렇게 대공황에 맞서기 위한 뉴딜 정책 속에서 현대 복지 국가의 주요한 모습이 드러나기 시작하였다. 과도한 시장 경쟁 제한, 사회적 취약 계층을 위한 복지 정책, 노동자의 사회적 권리 인정, 정부의 적극적인 경제 활동 등이 바로 그것이다.

냉전은 어떻게 시작되었을까?

대공황에 미국이 뉴딜로 대응했다면, 독일과 이탈리아에서는 파시즘 체제가 등장했고, 소련에서는 계획 경제가 힘을 발휘했다. 하지만 대공황으로 유럽 각국은 보호 무역 체제 아래 경쟁했고, 경제적 어려움을 극복하기 위해 해외로 눈을 돌렸다. 이는 다시 한 번 제국주의가 득세하는 결과를 낳았고, 결국 두 번째 세계 대전으로 치달았다.

제2차 세계 대전이 파시즘과 반파시즘의 대결 구도로 벌어졌기 때문에 미국과 소련은 한편이 되어 싸웠다. 하지만 각자가 추구하는 목표가 달랐기 때문에 연합은 일시적이었다. 1945년 전쟁이 끝나면서 미국은 자본주의 세계의 부흥을 꾀했고, 소련은 사회주의 진영을 확대하기 위해 애썼다. 그 결과 두 강대국 사이의 총성 없는 전쟁, 즉 냉전이 시작되었다.

대공황을 전후로 이탈리아에서는 베니토 무솔리니(Benito Mussolini, 1883~1945)의 파시즘이, 독일에서는 아돌프 히틀러(Adolf Hitler, 1889~1945)의 나치즘이 권력을 장악하였다. 여기에 더해 일본 또한 군국주의로 나아갔다. 이 나라들은 맹목적 애국주의와 민족주의, 인종주의 등에 기초한 대외 침략을 통해 자국의 경제적 어려움을 해소하려 했고, 이는 다시 한 번 인류를 참혹한 전쟁의 소용돌이로 몰아넣었다.

1939년 9월 독일이 폴란드를 공격하면서 제2차 세계 대전이 시작되었다. 여전히 미국 내에는 유럽의 전쟁에 개입하지

말아야 한다는 고립주의자들이 있었다. 하지만 루스벨트를 비롯한 국제주의자들은 연합국 편에 서고자 했고, 국민 대다수도 이를 지지했다. 게다가 산업계도 군수 산업의 확장에 따라 경제가 활기를 띠기 시작했기 때문에 참전을 지지했다. 그 결과 1941년에 미국은 무기 대여법을 만들어 연합국을 지원했다.

이렇게 연합국을 지원하던 미국은 1941년 12월 일본이 진주만을 기습 공격하자 본격적으로 전쟁에 뛰어들었다. 이미 중국과 전쟁을 벌이고 있던 일본은 미국이 중국을 지원하자 미국과 정면 대결을 벌이기로 마음먹었던 것이다. 이로써 태평양 전쟁이 벌어졌고, 바야흐로 전쟁은 세계 대전이 되었다.

전쟁 초기에는 독일, 이탈리아, 일본 등의 추축국이 우세하였다. 하지만 1942년에 미드웨이 해전과 스탈린그라드 전투를 거치면서 전세가 서서히 연합국에 유리해졌다. 북아프리카 전선에서도 연합국이 승리를 거두었고, 이어 시칠리아 섬을 통해 이탈리아에 상륙할 수 있었다. 이렇게 전세가 유리해지자 연합국의 주요 지도자인 루스벨트, 처칠(Winston Churchill, 1871~1947), 스탈린(Joseph Stalin, 1879~1953)은 1943년에 테헤란 회담을 열고 파시즘이 항복할 때까지 협력하여 싸울 것을 확인하였다.

1944년 6월 연합군이 프랑스 노르망디에 상륙함으로써 유럽 전선도 결정적으로 변화하였다. 이로써 한때 유럽 대륙을 석권했던 독일군은 서부 전선의 연합군과 동부 전선의 소련군에 포위되었다. 그해 8월 파리가 해방되고 이제 전쟁의 끝이 보이기 시작했다. 다음 해 2월 미국, 영국, 소련 지도자들은 얄타에서 회담을 열고 전후 처리 문제를 논의했다. 이 회담의 주요 결과는 전쟁에서 가장 많은 희생을 치른 소련의 영향력을 인정하는 것이었다. 이로써 전후 국제 질서의 틀이 잡혔는데, 이는 미국과 소련을 축으로 하는 양대 진영의 대립과 갈등이었다.

1945년 5월에 독일이 항복하고, 8월에는 일본이 항복하면서 인류 역사상 가장 많은 희생자를 낳은 전쟁이 끝났다. 하지만 미국은 냉전이라는 또 다른 전쟁을 벌였다. 바로 소련과 공산주의의 팽창을 막으려는 것이었다. 공산주의 세력은 대공황과 세계 대전을 거치면서 전 세계적으로 힘을 얻고 있었다. 이에 미국은 소련의 팽창을 막는 '봉쇄 정책'으로 맞섰다. 루스벨트를 계승한 트루먼(Harry Truman, 1884~1972) 행정부는 1947년 그리스 내전을 계기로 '트루먼 독트린'을 채택하여 공산주의의 위협을 받는 나라들을 원조했다. 공산화 위협에 처한 나라를 미국이 도와야 한다는 취지였다. 이로써 냉전이 본격화되었다.

이렇게 소련과 공산주의를 봉쇄하는 정책을 취한 미국은 전쟁으로 피폐해진 유럽을 부흥시키는 것 또한 중요하다고 생각했다. 빈곤과 경제 문제를 해결하지 않는 한 공산주의를 막을 수 없다는 판단에서였다. 그래서 나온 것이 유럽 부흥 계획이었다. 당시 국무 장관이던 조지 마셜(George Marshall, 1880~1959)의 이름을 딴 마셜 플랜에 따라 미국은 유럽 16개국에 100억 달러 이상을 지원하였고, 이 덕분에 유럽은 전후 경제 번영의 토대를 마련할 수 있었다. 이와 더불어 미국은 군사적인 대응을 위해 북대서양 조약 기구(North Atlantic Treaty Organization, NATO)를 만들었다.

공산주의를 봉쇄하면서 일어난 냉전은 국외에서만 벌어진 것은 아니었다. 냉전은 국내에서도 일어났다. 대표적인 예가 태프트-하틀리 법(Taft-Hartley Act)으로 알려진 새로운 노사 관계법이었다. 이 법의 목적은 노동자의 파업을 막고, 노동조합에 공산주의가 들어가는 것을 막는 것이었다. 예컨대 노조 지도자는 자신이 공산주의자가 아님을 밝혀야만 했다.

법적 조치만이 아니라 사회 전반의 분위기가 반공을 조장했다. 이런 반공 운동은 매카시즘으로 절정에 달했다. 한국 전쟁 발발 직전인 1950년 2월 상원 의원인 조셉 매카시(Joseph

McCarthy, 1908~1957)는 국무부 안에 수십 명의 공산주의가 있다는 폭탄 발언을 했다. 더 나아가 그는 트루먼 행정부가 용공적이라는 식으로 몰아붙이면서 워싱턴에서 일종의 공포 분위기를 조성했다. 이 현대판 마녀사냥으로 수많은 사람이 직장을 잃거나 미국을 떠났고, 감옥에 간 사람도 적지 않았다. 무엇보다 우리 시대의 가장 중요한 가치인 사상의 자유와 양심의 자유가 크게 억압받았다. 후일 그의 주장이 무리라는 것이 밝혀지긴 했지만 매카시즘은 냉전 시대의 분위기를 잘 보여 주는 사건이었다.

미국과 소련을 축으로 하는 총성 없는 전쟁은 사실 유럽에 한정된 것이었다. 얄타 회담으로 정해진 세력 판도를 인정함으로 나타난 현상이었기 때문이다. 반면 다른 지역, 특히 아시아에서는 여전히 세력권이 유동적이었고, 따라서 언제든지 냉전은 열전이 될 수 있었다.

첫 번째 열전은 중국에서 시작되었다. 일본 군국주의에 맞서 연합해 싸우던 중국의 국민당과 공산당은 전쟁이 끝나자 대륙의 패권을 둘러싸고 내전에 들어갔다. 이때 미국은 장제스(蔣介石, 1887~1975)의 국민당 정부를 지원했다. 1947년 말부터 치열한 전투가 벌어졌고, 빈농의 지지를 받는 공산당이 유리한 위치를 차지하였다. 결국 1949년에 국민당 정부는 타이완 섬으로 쫓겨났고 대륙에는 마오쩌둥(毛澤東, 1893~1976)이 이끄는 중화인민공화국이 만들어졌다.

중국에서 벌어진 좌우의 대결은 그다음 해 한반도로 옮겨 왔다. 1945년 8월 일본의 패망과 함께 미국과 소련은 한반도를 분할 점령하였고, 1948년에는 각각 대한민국과 조선민주주의인민공화국이 수립되었다. 하지만 남한과 북한 모두 자기 방식대로의 통일을 원하였고, 1950년 6월 북한의 공격으로 전면전이 시작되었다. 그러자 미국은 유엔군의 이름으로 남한을 지원하였고, 중국과 소련은 북한을 지원하면서 전쟁은 국제적인 규모로 확대되었다. 3년 넘게 끈 이 전쟁은 결말을 보지 못하고 휴전으로 마무리되어 오늘에 이르고 있다.

이렇게 아시아에서 공산주의 세력이 힘을 키워 가자 미국은 이전의 적대국인 일본을 냉전의 보루로 삼고자 했다. 원래 미국은 전후 일본을 민주적으로 개혁할 뿐만 아니라 군국주의적 요소를 없애기 위해 군대를 해체하였다. 하지만 공산주의의 위협에 대항한다는 명목으로 1951년 일본과 샌프란시스코 평화 조약을 맺고 재군비를 허용하였던 것이다.

중국의 공산화, 한반도 분단의 고착화, 일본의 재군비 등으로 동아시아의 냉전도 어느 정도 자리가 잡혔다. 하지만 냉전 속의 열전은 이것으로 끝난 것이 아니었다. 프랑스의 식민지였던 베트남을 비롯한 동남아시아는 여전히 안개 국면이었고, 카리브 해의 쿠바에서도 1959년 혁명이 일어났다. 그리고 이런 식의 크고 작은 전쟁과 혁명은 냉전 시대 내내 계속될 것이었다.

5

오늘날의 미국은
어떤 상황일까?

- 모두가 풍요의 시대를 누렸을까?
- 미국인이 되고자 하는 사람들은 누구일까?
- 미국은 어디로 가고 있을까?

모두가 풍요의 시대를 누렸을까?

1950년대 미국을 '풍요로운 사회'라고 부른다. 제2차 세계
대전 이전부터 시작된 대량 생산과 대량 소비가 널리 퍼져 많
은 사람들이 자기 집과 자동차, 수많은 내구 소비재를 사용하
게 되었던 것이다. 이런 풍요의 시대는 순응과 권태의 시대이
기도 했다. 일하는 방식이나 사는 방식이 누구 할 것 없이 비
슷했기 때문이다. 하지만 모두가 풍요를 누렸던 것도 아니며,
누구나 이 사회에 순응했던 것도 아니었다. 흑인들, 특히 남
부의 흑인들은 경제적 어려움은 물론, 여전히 인종 차별에 시
달렸다. 또한 새로이 성장한 젊은 세대는 물질 만능주의에 환
멸을 느끼고 좀 더 인간적이고 자유로운 사회를 꿈꾸기 시작
했다.

1950년대에 미국은 기적에 가까운 경제 성장을 이루었다. 1945년에서 1960년 사이에 국내 총생산은 250퍼센트나 증가했으며, 실업률은 5퍼센트 이하였다. 대공황 시기 15~25퍼센트였던 실업률과 비교하면 말 그대로 하늘과 땅 차이였다.

이렇게 경제가 성장할 수 있었던 것은 대공황기에 크게 늘어난 정부 지출 덕분이었다. 정부는 학교, 주택, 제대 군인 보조금, 복지, 주간 고속도로 건설 등에 공공 지출을 크게 늘려 성장을 자극했다. 하지만 그보다 더 중요했던 정부 지출은 군사비였다. 군사비 지출은 군수 산업뿐만 아니라 경제 전반에 파급 효과를 가져왔다.

이러한 성장은 베이비 붐 세대의 성장과 맞물려 대량 소비 사회를 낳았다. 전후에 시작하여 1960년대 초까지 이어진 베이비 붐으로 1950년대 미국 인구는 20퍼센트나 늘었다. 그리고 이렇게 늘어난 인구는 소비자로서 경제를 자극했다. 특히 인구 증가와 더불어 교외 지역의 인구는 50퍼센트 가까이 늘어났고, 이에 따라 자동차 산업과 주택 산업이 활기를 띠었을 뿐 아니라 도로 건설에 따른 건설업도 호경기였다.

대량 소비 사회가 만들어지면서 중간 계급적 생활 방식과 문화가 미국 사회의 표준으로 자리 잡았다. 우선 많은 미국인들이 소비재 구입에 빠졌다. 새로운 상품의 등장, 광고의 매력, 소비자 금융의 발전 속에서 미국인들은 텔레비전, 냉장고, 식기세척기, 세탁기, 오디오 등에 아낌없이 돈을 쏟아부었다. 이런 미국인들은 교외 지역에서 핵가족 단위로 살았다. 이들은 혼잡한 대도시에서는 느낄 수 없는 안락함 속에서 주로 가족 위주의 삶을 살아가고자 했다.

풍요의 1950년대는 다른 각도에서 보자면 순응과 동질화의 시대이기도 했다. 비슷비슷한 집에서 비슷비슷한 내구재를 들여놓고 사는 미국인들은 서로가 다르다고 느끼기 어려웠을 것이다. 또한 대기업이라는 거대 조직이 발전하면서 많은 미국인들은 획일적이고 순응적인 기업 문화에 적응하며 살아갔다. 이로써 개성 없는 현대 사회가 자라나고 있었다.

1950년대가 경제적 번영의 시대였고, 풍요의 시대였지만 모두에게 그런 것은 아니었다. 말 그대로 또 다른 미국이 있었다. 우선 수적으로 줄어들고 있던 농민을 들 수 있다. 농민의 어려움은 19세기 말부터 이어져 오던 것이고, 대공황의 충격은 너무나 컸다. 이것은 주로 과잉 생산에 따른 농산물의 가격 하락 때문이었다. 대체로 1950년대에 오면 이 과정이 마무리되어 많은 사람이 농촌을 떠나게 된다.

하지만 빈곤한 농촌 지역 사람들은 여전히 어렵게 삶을 꾸려 가고 있었다. 특히 남부와 애팔래치아 산맥 지역이 그러했다. 이곳 사람들은 경제적 어려움에 더해 교육, 의료 등에서도 소외되어 있었다. 다시 말해 미국적인 생활로부터 완전히 단절되어 있었던 것이다.

한편 경제 성장과 함께 대도시의 빈민가가 확대되었다. 빈민가가 커진 것은 농촌에서 이주한 흑인들이 크게 늘었고, 흑인 인구가 다른 사회층에 비해 더 많이 늘어났기 때문이다. 그리고 뉴욕, 로스앤젤레스 등의 대도시와 서남부의 중소 도시에는 푸에르토리코, 멕시코 등지에서 온 이주민들이 중남미계 빈민가를 이루었다. 이런 모습은 빈부의 문제가 인종 차별 문제와 밀접하게 연관되어 있다는 사실을 보여 준다.

이처럼 빈곤에 찌든 또 다른 미국의 모습은 풍요의 시대에 가려 잘 보이지 않았다. 하지만 인종 차별에 시달린 흑인들이 민권 운동에 나섰을 때, 풍요 속에서 순응과 권태를 직시한 젊은이들이 거리로 나섰을 때 그 모습은 더욱 크게 보일 것이었다.

남북 전쟁 이후 노예제는 철폐되고 흑인은 해방되었지만, 그들은 여전히 인종 차별에 시달렸고, 경제적 어려움 때문에 힘든 삶을 살아야 했다. 특히 남부에 사는 흑인들은 투표권도 없었고, 백인들과는 분리된 학교, 공공시설, 식당, 슈퍼마켓에 다녀야 했다. 다시 말해 삶의 모든 면에서 흑인들은 분리

되고 차별받는 생활을 했다.

인종 차별을 없애고 흑인들의 삶을 개선하기 위한 노력은 오래전부터 있었지만, 대중의 자각 속에 본격화된 것은 1950년 대였다. 1954년 연방 대법원은 '브라운 판결'을 통해 흑백 분리 교육이 위헌이라고 판결했다. 이에 대해 남부 주들은 반발했지만 평등에 대한 흑인들의 열망을 잠재울 수는 없었다.

이런 열망이 드러난 것이 1955년의 '몽고메리 버스 보이콧 사건'이다. 백인 좌석에 앉았다는 이유로 중년의 흑인 여성이 체포된 사건이 몽고메리에서 발생했다. 여기에 항의하기 위해 도시의 흑인들이 버스 안 타기 운동을 벌인 것이다. 일 년이 넘는 싸움 끝에 결국 흑인들이 승리했으며, 이 과정에서 젊은 흑인 목사인 마틴 루터 킹 2세(Martin Luther King, Jr., 1929~1968)가 민권 운동의 새로운 지도자로 부상했다. 그는 간디의 이념에 따라 비폭력 저항을 통해 흑인의 권리를 쟁취하고자 했고, 이러한 그의 철학은 시대의 정신이 되었다.

하지만 몽고메리 버스 보이콧 운동은 시작에 불과했다. 오랜 세월 이어져 온 인종 차별은 하루아침에 없어질 일이 아니었던 것이다. 브라운 판결에도 남부의 주들은 학교의 흑백 통합을 거부했고, 그래서 1957년에 연방 정부는 아칸소 주의 리틀록에 군대를 파견하기까지 했다. 1960년에는 흑인 학생들이 모든 공공장소에서의 인종 차별을 없애기 위한 직접 행동에 나섰다. 흑인의 출입을 금하는 식당에서 시작된 이 운동은 흑인을 고용하지 않는 슈퍼마켓에 대한 불매 운동으로까지 나아갔다. 또한 흑인의 투표권 등록을 위한 투쟁도 남부의 여러 곳에서 벌어졌다.

이러한 투쟁이 절정에 달한 것은 1963년이었다. 그해 4월 마틴 루터 킹 2세는 앨라배마 주의 버밍험에서 인종 차별 종식을 위한 비폭력 시위를 주도했다. 그러나 경찰은 이에 폭력적인 방식으로 대응했다. 평화적인 시위대를 향해 경찰은 최루탄, 전기 봉, 소방 호스, 경찰견 등을 무차별적으로 사용했고, 수백 명을 체포했다. 이 소식이 텔레비전을 통해 전국에 방영되자 많은 국민들은 경찰 폭력을 비난하고 민권 운동에 공감하게 되었다. 이제 더 이상 민권 운동은 남부와 일부 흑인의 문제가 아니었다. 이러한 분위기는 그해 8월 워싱턴에서 열린 집회에서 잘 드러났다. 20만 이상이 모인 이 집회는 미국 역사상 가장 큰 민권 집회로서, 흑백 분리와 인종 차별이 더 이상 용인되어서는 안 된다는 것을 잘 보여 주었다. 결국 다음 해 연방 의회는 인종 차별을 완전히 금하는 민권법을 통과시켰다. 그리고 뒤이어 1965년에는 투표권법을 통과시켜 모든 흑인들도 자유롭게 참정권을 행사할 수 있도록 했다.

마틴 루터 킹 2세의 워싱턴 집회 연설

나에게는 꿈이 있습니다. 조지아 주의 붉은 언덕에서 노예의 후손들과 노예 주인의 후손들이 형제처럼 손을 맞잡고 나란히 앉게 되는 꿈입니다. 나에게는 꿈이 있습니다. 이글거리는 불의와 억압이 존재하는 미시시피 주가 자유와 정의의 오아시스가 되는 꿈입니다. 나에게는 꿈이 있습니다. 내 아이들이 피부색을 기준으로 사람을 평가하지 않고 인격을 기준으로 사람을 평가하는 나라에서 살게 되는 꿈입니다. (……)

— 1963년 8월 28일

미국인이 되고자 하는 사람들은 누구일까?

미국은 이민으로 이루어진 나라로, 노동력 부족 때문에 끊임없이 이민자들을 받아들였다. 하지만 흑인 노예제라든가 인디언의 추방에서 알 수 있듯이, 인종주의에 물든 사회였을 뿐만 아니라 유럽이라는 구세계에 대해 배타적인 태도도 가지고 있었다. 그래서 한편으로 이민을 받아들이면서도 다른 한편에서는 이민을 배척하는 모습을 보여 왔다. 그럼에도 전 세계 사람들은 계속해서 미국으로 몰려들었고, 특히 1960년대 이후에는 아시아와 라틴 아메리카에서 이민이 쏟아져 들어왔다.

시민권을 부여하는 귀화법이 처음으로 만들어진 것은 1790년이었는데, 이때도 '자유 백인'에게 한정해 시민권을 부여하도록 했다. 그로부터 100여 년이 지난 1882년에는 중국인 배척법이 만들어졌다. 앞에서도 본 것처럼 1849년 골드러시 이후 대륙 횡단 철도 공사로 중국인들이 많이 들어왔다. 처음에는 힘든 일을 떠맡았기 때문에 중국인들을 환영하기도 했지만 이내 인종적 차별이 시작되었고, 중국인 배척법도 그중 하나였다.

외국인을 배척하는 분위기는 제1차 세계 대전과 러시아 혁명 이후에 더욱 강화되었다. 이런 분위기에서 만들어진 것이 1924년의 이민법이었다. 이미 미국에 살고 있는 민족의 2퍼센트 이내에서만 이민을 허용하는 이 법은 동유럽과 남유럽 그리고 아시아 이민자를 막는 것이 목적이었다. 1921년의 쿼터법을 더욱 강화한 이 법에 따라 라틴 아메리카 이민자를 제외하고는 실질적으로 이민이 거의 들어오지 못하게 되었다.

이렇게 이민, 특히 아시아계 이민을 배척하는 상황이 바뀐 것은 1965년이었다. 이 해에 만들어진 이민 및 국적법에서는 40년 이상 유지되어 오던 민족별 쿼터제가 폐지됐다. 분명 흑인 민권 운동의 영향으로 만들어진 이 법으로 인해 아시아계 이민이 다시금 활기를 띠었다. 이에 따라 거의 없어져 가던 아시아계 공동체가 미국 사회 내에 자리 잡게 되어 미국인의 인종적, 민족적 구성은 더욱 다양해졌다. 또한 멕시코를 중심으로 하는 히스패닉계 이민도 늘어나 흑인을 제치고 이들이 가장 큰 소수자 집단을 형성하게 되었다. 미국은 바야흐로 다문화 사회를 이루게 된 것이었다.

물론 기본적으로 미국이 백인의 나라인 데다가, 경제 상황의 변동에 따라 이민을 배척하는 움직임도 그 이후에 계속되었다. 특히 1980년대 이후에는 '불법 이민자' 문제가 주요 쟁점으로 떠올랐다. 그 가운데 만들어진 것이 1986년의 이민 개혁법이다. 이 법은 등록되지 않은 외국인 노동자 고용을 범죄 행위로 규정했고, 불법 이민자를 막기 위해 국경 경비 강화를 승인했다. 하지만 이미 미국에 들어와 있는 불법 이민자에게는 합법적인 지위를 부여하는 조치도 담고 있었다. 그럴 수밖에 없는 것이 낮은 임금으로 힘든 일에 종사하는 불법 이민자 없이는 미국 사회와 경제가 돌아갈 수 없는 것이 현실이기 때문이었다. 물론 그 바탕에는 미국이 이민으로 이루어진 나라라는 역사와 현실을 부정할 수 없다는 생각도 깔려 있었다.

20세기 들어 가장 커진 미국 내 소수 민족은 중남미계이다. 제2차 세계 대전 당시 미국은 부족한 노동력을 메우기 위해 멕시코 노동자들을 받아들였다. 이들은 이미 멕시코계가 많이 살던 남서부와 태평양 연안 도시들에 자리를 잡게 되었다. 전쟁이 끝난 후 계약 노동자 수입이 끝났지만 많은 수의 이민자가 계속적으로 몰려들었다. 그래서 미국은 이들 불법 이민자를 추방하기 위해 갖은 수단을 썼지만 큰 효과를 발휘하지는 못했다.

하지만 중남미계 이민자가 더욱 크게 늘어난 것은 1960년대 이후였다. 그래서 중남미계 인구는 1970년에는 900만, 1990년에는 2000만 명에 이르렀다. 여기에는 낮은 임금을 받는 힘든 일자리를 갖더라도 고향보다 형편이 낫기 때문에 끊임없이 몰려온 불법 이민자가 다수 포함되어 있었다.

이렇게 중남미계 인구가 늘면서 이들의 사회적, 정치적 영향력도 커졌다. 이는 1960년대 이후 인종적 정체성이 강화되는 분위기에서 이루어졌다. 중남미계 상층의 경우에는 의원, 주지사, 시장 등으로 정계에 진출했으며, 하층의 농장 노동자는 농장 노동자 연합이라는 노조를 만들어 자신들의 권익을 옹호했다.

1965년에 쿼터제가 폐지된 후, 중남미가 아닌 지역의 사람들은 오는 순서대로 이민이 허용되었다. 그 해에 이민자의 90퍼센트가 유럽 인이었는데, 그로부터 20년이 지난 후에는 10퍼센트만이 유럽 출신이었다. 이렇게 많이 늘어난 비유럽 이민

가운데 가장 큰 집단이 앞에서 본 중남미계이다. 하지만 1980년 대와 1990년대에는 아시아계 이민이 중남미계 이민보다 더 많이 들어왔다. 특히 베트남, 태국, 캄보디아, 라오스, 필리핀 등 동남아시아와 한국, 인도 출신 이민자가 많았다. 그 결과 1990년 미국 내에는 700만 이상의 아시아 계 미국인이 거주하게 되었다.

새로운 사회와 문화에 적응하는 일이야 누구에게나 어려운 것이지만, 아시아계 이민자에게는 특히 힘든 일이었다. 이들과 경제 영역에서 경쟁을 벌어야 했던 백인들은 피부 색깔에 따라 이들을 차별하려고 했다. 또한 일부 지역의 흑인들은 아시아계 상인들의 성공에 분노했다. 그래서 아시아계 이민자들은 주류인 백인과 차별받는 흑인들 사이에 낀 존재가 되었다. 하지만 아시아계, 특히 중국, 일본, 인도 등지에서 온 이민자들은 짧은 시간 내에 미국 사회에서 상당한 성공을 거두었다. 백인보다 평균 소득이 더 높았고, 대학 등 고등 교육에서도 두드러진 활약을 보였다. 그것은 아마도 이들이 가지고 들어온 문화와 가치 때문일 것이다.

미국은 어디로 가고 있을까?

1990년대 초에 사회주의 소련이 무너지고 나자 미국에 맞설 나라는 없는 것으로 보였다. 20세기 전체가 '미국의 세기(American Century)'였지만, 진짜로 미국의 세기가 열린 것처럼 보였다. 그래서인지 이즈음부터 미국을 로마 제국에 비유하는 수사가 여기저기서 들려왔다. 오랜 정복 전쟁을 끝내고 '로마의 평화(Pax Romana)'를 이룩한 대제국처럼 미국도 반세기에 걸친 이데올로기 전쟁을 승리를 이끌고 이제 제국의 반열에 든 것처럼 보였다.

정도의 차이야 있겠지만 미국이 지닌 군사적, 정치적, 경제적, 문화적 힘은 분명 로마에 비견할 만하다. 하지만 한 가지 분명한 차이가 있다. 로마의 평화는 200년 동안 지속되었지만, 미국의 세기나 미국의 평화는 미국이 제국이 되었다고 생각한 바로 그때부터 깨지기 시작했다.

물론 이것은 바로 미국이 만들어 낸 세계 질서, 즉 '세계화'의 효과 때문이다. 이데올로기의 대립을 대신한 민족적, 종교적 갈등, 극심한 빈부 격차에 따른 적대감은 로마 시대처럼 변경이 아니라 세계 도처에서 벌어졌고, 곧바로 미국에 영향을 미쳤다. 또한 세계화의 그물망 속에서 독특한 발전을 이룩한 중국 역시 미국의 지위를 흔들고 있다.

이러한 때 '미국은 어디로 가는가?'라는 질문은 미국을 중심으로 얽혀 있는 세계 모든 사람들의 질문이 될 수밖에 없다.

2001년 9월 11일 오전 9시를 전후해서 두 대의 여객기가 뉴욕 맨해튼에 있는 세계무역센터 쌍둥이 빌딩에 충돌했다. 얼마 후 또 다른 여객기가 수도인 워싱턴 근교에 있는 국방부 건물에 충돌했다. 오사마 빈 라덴(Osama Bin Laden)이 이끄는 이슬람 과격파 집단 알카에다가 이슬람 문명을 짓밟는 미국을 응징하겠다고 벌인 일이었다. 미국인들뿐만 아니라 전 세계를 놀라게 한 이 사건으로 수천 명의 인명 피해가 생겼다.

인명 피해 규모보다 사람들을 더 놀라게 한 것은 미국 본토가, 그것도 심장부라 할 수 있는 뉴욕 맨해튼과 국방부 건물이 공격받았다는 사실이었다. 남북 전쟁 이후 본토에서는 전쟁이 벌어진 적이 없었을 뿐만 아니라, 막대한 국방비를 쓰고, 최신 보안 체계를 지닌 미국에 이런 참혹한 일이 벌어졌다는 현실을 많은 사람이 받아들이기 어려웠던 것이다. 그래서 어떤 사람은 9·11 테러를 '제2의 진주만'이라고 부르기도 한다.

하지만 진주만이 제국주의 국가 간의 충돌로 벌어진 사태였다면, 9·11은 '문명의 충돌'에서 나온 불행한 사건이었다.

물론 여기서 문명은 그저 종교가 아니었다. 이슬람이 성립한 7세기 이래 기독교도와 이슬람교도는 싸우기도 했지만, 협력하고 공존하기도 했다. 하지만 19세기 말의 제국주의 시대 이후, 더 가깝게는 제2차 세계 대전이 끝난 후 '기독교' 유럽과 미국은 자기 이익을 위해 이슬람을 악마화하고 억압했다.

바로 중동 지역이 지닌 경제적, 지정학적 가치 때문이었다. 중동 지역에서 나는 석유에 대한 이권을 어떻게 포기할 수 있겠는가? 군사적, 정치적 관점에서 세 대륙의 교차로에 있는 중동 지역을 포기할 수 있겠는가? 그 결과는 이스라엘에 대한 무조건적 지지, 친미적이고 반민중적인 정권에 대한 후원이었다.

수천 년 동안 살아왔던 자기 땅에서 쫓겨난 팔레스타인 인들이 저항하지 않을 것이라는 생각만큼 순진하거나 우스운 일도 없을 것이다. 이것이 테러의 시작이었다. 물론 이를 이용한 아랍의 정치 지도자와 종교 지도자가 있다. 이들은 때로는 자기 이익을 위해, 때로는 자기가 믿는 종교적, 윤리적 신념 때문에 대중의 저항을 종교로 색칠했다. 이것이 이른바 '문명의 충돌'이다. 하지만 문명은 삶의 다른 이름일 뿐이다. 따라서 중동에 사는 보통 사람들의 삶이 나아지는 것만이 '문명의 공존'으로 향하는 길일 것이다.

하지만 미국의 부시 행정부는 9·11 이후 공존의 길로 나아가지 않았다. 조지 W. 부시(George W. Bush) 대통령은 '테러와의 전쟁'을 선포하고 알카에다의 근거지가 있다는 아프가니스탄을 공격했다. 이 전쟁을 통해 아프가니스탄의 탈레반 정권이 무너졌다. 하지만 전쟁은 지금도 계속되고 있다.

2003년 5월 1일 미국의 조지 W. 부시 대통령은 페르시아 만에 있던 미 항모 에이브러햄 링컨 호 선상에서 이라크 전쟁이 끝났다고 선언했다. 이라크 전쟁이 시작된 지 꼭 40여 일 만이었다.

9·11 사건이 일어난 다음 미국은 테러를 막는다는 명목으로 선제·예방 공격 전략을 내세웠다. 이전까지 다른 나라를 먼저 침략한 적이 없는 미국이 먼저 공격을 할 수 있다는 논리였다. 또한 부시 대통령은 2002년 1월 연두교서에서 이라크, 이란, 북한이 테러를 지원하고 '대량 살상 무기'를 개발하는 '악의 축'이라고 말했다. 특히 이라크를 가장 위험한 국가라고 지목하면서 언제든지 공격할 의사가 있다는 점을 분명히 했다.

물론 이라크의 통치자인 사담 후세인(Saddam Hussein, 1937~2006)은 독재자였고, 1980년대에는 이란과 전쟁을 벌였으며, 1991년에는 쿠웨이트를 침략한 적이 있었다. 하지만

1991년의 걸프 전 이후 이라크는 국제 제재를 받아 '대량 살상 무기'라고 할 만한 것을 개발하기 어려운 처지였다. 하지만 미국과 영국은 전쟁을 밀어붙였고, 결국 2003년 3월 20일 이라크 침공을 개시했다.

사담 후세인이 국민의 반감을 사고 있었을 뿐만 아니라 오랜 경제 제재로 이라크는 변변한 저항조차 하기 어려웠다. 결국 2003년 4월 9일 수도인 바그다드가 함락되었다. 그리고 20여 일 후 부시 대통령은 종전을 선언했다.

하지만 종전 이후 전쟁은 새롭게 시작되었다고 할 수 있다. 미국이 세운 과도 정부는 국민의 지지를 끌어내기 어려웠다. 시아파와 수니파 사이의 종교적 갈등은 전쟁 속에서 새롭게 터져 나왔다. 이라크 북부에 사는 쿠르드 족과 이라크 인 사이의 대립도 여전하다. 게다가 미군을 비롯한 다국적군에 대한 저항 세력의 테러도 끊이지 않고 있다. 이에 따라 이라크 전쟁 때 사망한 미군 병사가 138명인데 비해 그 이후 전사자는 수천 명을 넘어서고 있다.

이런 혼란과 희생 때문에 시간이 갈수록 이라크 전쟁에 대한 비판 여론은 거세졌다. 게다가 최근에 영국이나 미국에서 폭로된 문서에 따르면 부시나 토니 블레어(Tony Blair) 영국 총리가 이라크에 대량 살상 무기가 없다는 것을 알면서도 전쟁을 강행했다고 한다.

이런 점을 볼 때 이라크 전쟁은 크게 보면 중동 지역에서 미국의 패권을 유지하기 위한 전쟁이었으며, 여기에 더해 군수 산업계의 이해관계가 맞아떨어져 벌어진 전쟁이라 할 수 있다. 하지만 이라크 전쟁을 강행함으로써 미국은 국제 사회에서 위신이 하락했을 뿐만 아니라, 여전히 계속되는 혼란 속에 쏟아붓는 막대한 전비 때문에 가뜩이나 어려운 재정 상황이 더욱 악화되었다. 물론 이라크 전쟁으로 이라크 민중이 당한 고통은 그 어떤 것보다 크지만 말이다.

2008년 민주당의 버락 오바마(Barack Obama)가 미국 대통령에 당선된 것은 그의 선거 구호처럼 '변화'에 대한 열망 때문이었다. 흑인이 노예로 끌려왔던 미국에서 노예 해방이 이루어진 지 150여 년 만에 아프리카계 미국인이 대통령 자리에 올랐다는 것 자체가 엄청난 변화였다. 하지만 전 세계적으로 보면 레이건 이래 줄곧 미국 정부가 취해 왔고, 조지 W. 부시 대통령이 더욱 노골적으로 추진한 정책이 변화할 것이라는 점이 더욱 큰 변화라 할 수 있다.

버락 오바마는 대통령 선거에 돌입하면서 이라크 전쟁 반대와 미군의 조속한 철수, 전 국민 건강 보험, 서민과 중산층을 위한 조세 제도 개편, 지구 온난화 방지를 위한 교토 의정서 수용, 동성 간 결합 인정, 낙태 찬성 등의 정책을 밝혔다. 이는 국제적으로 보자면 부시 행정부가 펼친 일방주의적 태도의 변경이며, 국내적으로는 신자유주의 정책의 수정이라 할 수 있다. 이런 오바마의 정책은 마침 터진 2008년의 금융 위기와 더불어 미국의 방향 수정을 예시하는 것으로 보였다.

과연 오바마의 미국은 변화하는 것처럼 보였다. 어렵게 전 국민 건강 보험을 위한 개혁안을 밀어붙였고, 조세 개혁도 이루어지고 있다. 하지만 국제적인 면에서 보자면 이라크 주둔 미군의 철군을 미루고 있고, 도리어 아프가니스탄에서는 전쟁을 확대하는 양상이다. 또한 부시 행정부가 '악의 축'으로 규정한 이란과 북한에 대해서는 강경한 제재 조치를 가할 작정이다.

예전부터 보수적인 공화당보다 진보적이라는 민주당이 대외 전쟁의 담당자인 경우가 더 많았다. 제1차 세계 대전, 제2차 세계 대전, 한국 전쟁, 베트남 전쟁 등이 그런 경우이다. 아버지 부시 행정부가 벌인 걸프 전과 아들 부시 행정부가 벌인 아프가니스탄 전쟁, 이라크 전쟁이 도리어 예외라 할 수 있다. 물론 차이가 있다면 민주당이 벌인 전쟁 속에서 미국 내 민주주의와 복지가 확대되었고, 공화당 행정부가 벌인 전쟁은 민주주의의 축소와 경제적 어려움을 가져왔다는 점이다.

이런 측면에서 공화당과 민주당이 국내 정책에서는 차이가 있지만, 대외적으로는 근본적인 차이가 없다는 말이 있다. 그래서 오바마의 미국도 별 수 없을 것이라는 이야기도 나온다. 물론 시대적 차이가 있다. 과거보다 미국의 힘이 줄어들었다는 견해이다. 엄청난 속도로 성장하고 있는 중국 때문만은 아니다. 과거보다 세계의 힘은 민주화되었다. 이런 상황에서 미국은 변화를 모색하지 않을 수 없을 것이다. 어디로 갈지, 어떤 갈등을 수반할지는 아직 알 수 없지만 말이다.

맺음말

미국 중심의 세계 질서는
앞으로 어떻게 변화할까?

21세기의 첫 십 년대는 9·11과 함께 시작되었다. 그간 쌓여 온 갈등이 가장 극악한 방식으로 폭발했다고 볼 수 있다. 그리고 그 첫 십 년대는 금융 위기와 경제 불황 속에 끝나 갔다. 다가올 십 년대가 어찌 될지 모른다는 불안과 함께.

이런 불안 속에서 주기적으로 벌어진 이민법 논쟁이 최근에는 '반이민법'으로 불거졌다. 불법 체류 이민자의 미국 태생 자녀들에게 시민권을 주지 않겠다는 게 이 법의 핵심이다. 이 논쟁으로 '속지주의'를 채택하고 있는 미국이라는 나라의 정체성 자체가 논란이 되고 있다. 이런 논란은 제국의 위험과 상황에 대해 여러 가지를 말해 주고 있다.

라틴 아메리카를 필두로 가난하거나 정치적으로 불안한 나라와 지역에서는 여전히 많은 사람들이 미국이라는 중심부로 가고 싶어 한다. 그래서 지금 이 시간에도 때로는 합법적인 이민의 형태로, 때로는 한밤중에 국경을 넘는 불법적인 방식으로 많은 사람들이 미국으로, 미국으로 향하고 있다. 물론 미국은 이들을 필요로 한다. 실리콘 밸리와 월 스트리트가 요구하는 고급 두뇌는 말할 것도 없고, 빌딩 청소부와 가정부 등 허드렛일을 하는 하층 노동자까지 미국은 거대한 진공청소기처럼 오늘날에도 전 세계 사람들을 빨아들이고 있다. 그렇기 때문에 한편에서는 '불법 체류자'가 일자리를 빼앗는다는 불만의 소리가 높아도 다른 한쪽에서는 어떻게 해서든 이들을 받아들이려는 목소리도 만만치 않은 것이다. 어쨌거나 미국이 영토적 팽창과 함께 이민으로 이루어진 나라인 것은 분명하다.

그럼에도 초강대국 미국의 앞날은 전혀 순탄하지 않아 보인다. 사회주의 소련이 붕괴하면서 수십 년간 지속된 냉전 체제가 깨졌고, 이와 함께 미국은 그 누구도 누린 적이 없는 초강대국이 된 것처럼 보였다. 1991년의 걸프 전이나 9·11 사건 직후의 아프가니스탄 전쟁, 2003년에 시작된 이라크 전쟁은 미국의 군사적 능력을 과시하는 일에 불과해 보였다. 하지만 이런 겉모습과 달리 미국의 힘은 그리 강하지 않거나 최소한 약해졌다는 게 사실에 더 가까울 것이다. 1960년대 말부터 시작된 쌍둥이 적자(무역 적자와 재정 적자)는 날이 갈수록 줄어들기는커녕 눈덩이처럼 불어나고 있다. 또한 이슬람 국가뿐 아니라 한편이라고 할 수 있는 서방 나라들조차 미국의 일방통행식 세계 전략에 불만을 내비치고 있다. 여기에 더해 어느덧 '세계의 공장'이며 국제 정치에서도 미국과 어깨를 견줄 만한 나라로 커 버린 중국의 미래는 초강대국 미국의 커다란 위협이 될 것이다.

물론 그 어느 것도 영원하지 않고, 오직 변화한다는 사실만이 영원하다고 할 때 미국의 쇠퇴를 우려할 일도, 두려워할 일도 아니다. 하지만 문제는 '미국을 중심으로 유지되고 있는 세계 질서가 어떻게 변화할까?'이다. 그 변화는 좀 더 많은 사람들이 사람답게 사는 세상이 될 것인가? 고통스럽지 않고 순탄할 것인가? 우리가 묻고 답해야 하는 것은 이런 질문들이다. 물론 당장 내놓을 적절한 답변은 없어 보인다. 하지만 바쁠수록 돌아가라고 바로 그 미국이 어떤 역사적 과정을 거쳐 왔는지를 탐구하는 일은 꼭 필요한 준비 작업의 하나로 보인다. 미국을 좋아하는 사람이건, 미국을 싫어하는 사람이건 간에 말이다.

더 읽어 볼 책

- 김봉중, 『**미국은 과연 특별한 나라인가**』(소나무, 2001)
- 박진빈, 『**백색국가 건설사**』(엘피, 2006)
- 앨런 브랭클리, 황혜성 외 옮김, 『**있는 그대로의 미국사**』(휴머니스트, 2005)
- 손세호, 『**하룻밤에 읽는 미국사**』(랜덤하우스, 2007)
- 하워드 진, 유강은 옮김, 『**미국민중사**』(이후, 2006)

민음 지식의 정원 서양사편 011

현대
미국은 어떻게
만들어졌을까?

1판 1쇄 펴냄 2013년 9월 27일
1판 2쇄 펴냄 2017년 9월 11일

지은이 | 안효상
발행인 | 박근섭
책임편집 | 강성봉
펴낸곳 | ㈜민음인

출판등록 | 2009. 10. 8 (제2009-000273호)
주소 | 06027 서울 강남구 도산대로 1길 62 강남출판문화센터 5층
전화 | 영업부 515-2000 편집부 3446-8774 팩시밀리 515-2007
홈페이지 | minumin.minumsa.com

도서 파본 등의 이유로 반송이 필요할 경우에는 구매처에서 교환하시고
출판사 교환이 필요할 경우에는 아래 주소로 반송 사유를 적어 도서와 함께 보내주세요.
06027 서울 강남구 도산대로 1길 62 강남출판문화센터 6층 민음인 마케팅부

© 안효상, 2013. Printed in Seoul, Korea

ISBN 978-89-6017-340-8 04900
ISBN 978-89-94210-50-6 (세트)

㈜민음인은 민음사 출판 그룹의 자회사입니다.